GESTIONNAIRE DE PAIE

TITRE PROFESSIONNEL

500 questions-réponses

Préparation complète aux deux blocs de compétences

NEO STRATEGIE

FSC
www.fsc.org
MIXTE
Papier issu de sources responsables
Paper from responsible sources
FSC® C105338

Édition : BoD · Books on Demand, 31 avenue Saint-Rémy, 57600 Forbach, bod@bod.fr

Impression : Libri Plureos GmbH, Friedensallee 273, 22763 Hambourg (Allemagne)

ISBN : 978-2-3228-3647-5

Dépôt légal : Juillet 2026

Avertissement

Cet ouvrage constitue un support de révision destiné aux candidats au titre professionnel de gestionnaire de paie, aux étudiants et aux professionnels souhaitant actualiser leurs connaissances. Il ne se substitue ni aux textes officiels, ni au référentiel du titre, ni à un conseil juridique personnalisé.

Le titre professionnel de gestionnaire de paie est régi par l'arrêté du 4 juillet 2023 (JO du 21 juillet 2023), enregistré au répertoire national des certifications professionnelles sous le numéro RNCP 37948, au niveau 5, avec une échéance fixée au 29 décembre 2028. Le candidat doit vérifier la version du référentiel en vigueur à la date de sa session d'examen.

Comment utiliser cet ouvrage

Les 500 questions sont organisées en trois parties et quinze chapitres, suivant la logique des deux blocs de compétences du titre. La première partie et une large part de la deuxième couvrent le bloc 1, consacré à la gestion administrative, juridique et à la présentation des bulletins de paie. La troisième partie couvre le bloc 2, relatif à la valorisation en paie des événements de la vie professionnelle.

Chaque réponse est volontairement brève et autonome : elle peut être lue isolément, mémorisée, puis reformulée à voix haute. La méthode la plus efficace consiste à masquer la réponse, à formuler la sienne, puis à comparer. Un chapitre traité chaque jour permet de couvrir l'ensemble du programme en trois semaines, avec deux passages complets avant l'épreuve.

Le dernier chapitre rassemble des cas pratiques de synthèse et les points de vigilance les plus fréquemment sanctionnés, tant devant le jury que lors d'un contrôle URSSAF.

SOMMAIRE

PARTIE I — SOCLE JURIDIQUE ET GESTION ADMINISTRATIVE DU PERSONNEL 9

Chapitre 1 — Le titre professionnel et le cadre normatif de la paie 10

Chapitre 2 — Embauche, contrat de travail et formalités 17

Chapitre 3 — Gestion administrative courante et relations avec les tiers 27

Chapitre 4 — Durée du travail, heures supplémentaires et aménagements 35

PARTIE II — CONSTRUCTION DU BULLETIN DE PAIE 44

Chapitre 5 — Détermination de la rémunération brute 45

Chapitre 6 — Cotisations et contributions sociales 55

Chapitre 7 — Statuts particuliers et dispositifs d'exonération 67

Chapitre 8 — Du brut au net : CSG, net imposable, net social et prélèvement à la source 76

Chapitre 9 — Le bulletin de paie : forme, mentions et contrôle 81

PARTIE III — VALORISER EN PAIE LES ÉVÉNEMENTS DE LA VIE PROFESSIONNELLE 87

Chapitre 10 — Les congés payés 88

Chapitre 11 — Maladie, accident du travail et indemnisation des absences 99

Chapitre 12 — Parentalité et congés liés à la vie familiale 110

Chapitre 13 — Rupture du contrat de travail et documents de fin de contrat 117

Chapitre 14 — La déclaration sociale nominative 128

Chapitre 15 — Contrôle, veille et cas pratiques de synthèse 134

Repères réglementaires 2026 140

PARTIE I — SOCLE JURIDIQUE ET GESTION ADMINISTRATIVE DU PERSONNEL

Chapitre 1 — Le titre professionnel et le cadre normatif de la paie

1. Quel texte régit actuellement le titre professionnel de gestionnaire de paie ?

Il s'agit de l'arrêté du 4 juillet 2023 relatif au titre professionnel de gestionnaire de paie, code NOR MTRD2318091A, publié au Journal officiel du 21 juillet 2023. Cet arrêté révise le titre et l'enregistre au répertoire national des certifications professionnelles pour une durée de cinq ans à compter du 29 décembre 2023. Il remplace les versions antérieures rattachées aux fiches RNCP 35633 et RNCP 4113.

2. Sous quel numéro le titre est-il enregistré au RNCP et jusqu'à quelle date ?

Le titre est enregistré sous le numéro RNCP 37948, avec une échéance fixée au 29 décembre 2028. Le certificateur est le ministère chargé du travail. Cette durée de cinq ans est la règle commune aux titres professionnels : à son terme, le titre peut être prorogé à l'identique, révisé ou clôturé. Toute préparation à l'examen doit donc vérifier la version en vigueur du référentiel à la date de la session.

3. À quel niveau du cadre national des certifications le titre est-il classé ?

Le titre est classé au niveau 5 du cadre national des certifications professionnelles, ce qui correspond à un niveau bac + 2. Il relève du domaine d'activité 315t du code NSF, consacré aux ressources humaines et à la gestion du personnel. Ce classement conditionne l'éligibilité aux financements, les correspondances avec d'autres diplômes et le positionnement du titulaire sur le marché de l'emploi.

4. Quels sont les deux blocs de compétences qui composent le titre

Le titre comporte deux blocs, sanctionnés chacun par un certificat de compétences professionnelles. Le bloc RNCP37948BC01 s'intitule « Réaliser la gestion administrative, juridique et la présentation des bulletins de paie ». Le bloc RNCP37948BC02 s'intitule « Valoriser en paie les événements de la vie professionnelle ». La validation des deux blocs, complétée par l'entretien final avec le jury, permet l'obtention du titre complet.

5. Quel texte fixe les conditions générales de délivrance des titres professionnels ?

L'arrêté du 22 décembre 2015 modifié relatif aux conditions de délivrance du titre professionnel du ministère chargé de l'emploi constitue le texte de référence. Il a annulé et remplacé l'arrêté du 9 mars 2006 à compter du 1er juin 2016 et a fait l'objet d'un rectificatif publié au Journal officiel du 6 février 2016. Il définit notamment les modalités de capitalisation des CCP et les équivalences.

6. Quel arrêté organise les sessions d'examen des titres professionnels ?

L'arrêté du 21 juillet 2016 porte règlement général des sessions d'examen pour l'obtention du titre professionnel du ministère chargé de l'emploi. Il encadre la composition du jury, la convocation des candidats, le déroulement des épreuves, les cas de fraude et la proclamation des résultats. Il s'applique de manière transversale à tous les titres professionnels, y compris celui de gestionnaire de paie.

7. Quels articles du code du travail fondent juridiquement les certifications professionnelles ?

Les articles L. 6113-1, L. 6113-3 et L. 6113-5 du code du travail constituent le socle légal. Ils définissent la certification professionnelle, prévoient son enregistrement au répertoire national et confient aux ministères certificateurs la responsabilité de créer, réviser ou supprimer leurs titres. L'article R. 338-1 du code de l'éducation complète ce dispositif en fixant les conditions de délivrance des titres à finalité professionnelle.

8. Quel décret institue le cadre national des certifications professionnelles ?

Le décret n° 2019-14 du 8 janvier 2019 relatif au cadre national des certifications professionnelles fixe les huit niveaux de qualification, de 1 à 8, alignés sur le cadre européen. Il remplace l'ancienne nomenclature de 1969 qui utilisait des niveaux allant de V à I. Le titre de gestionnaire de paie relève du niveau 5 de cette nouvelle échelle, correspondant à l'ancien niveau III.

9. Quel rôle jouent les commissions professionnelles consultatives ?

Instituées par le décret n° 2019-958 du 13 septembre 2019, les commissions professionnelles consultatives examinent les projets de création, de révision ou de suppression des diplômes et titres à finalité professionnelle délivrés au nom de l'État. Composées de représentants des employeurs, des salariés et de l'État, elles rendent un avis préalable indispensable à la publication de l'arrêté de spécialité de chaque titre professionnel.

10. Quelles sont les voies d'accès au titre professionnel de gestionnaire de paie ?

Le titre est accessible par un parcours de formation continue ou en alternance, par la capitalisation successive des deux certificats de compétences professionnelles, ou par la validation des acquis de l'expérience. Aucun diplôme préalable n'est juridiquement exigé, mais un niveau baccalauréat et des bases en droit du travail et en comptabilité sont fortement recommandés pour suivre la formation dans de bonnes conditions.

11. Sur quels éléments le jury fonde-t-il sa décision ?

Le jury se prononce au vu de quatre éléments : les modalités d'évaluation décrites par le référentiel d'évaluation du titre, le dossier professionnel et ses annexes transmis par le candidat, les résultats des évaluations passées en cours de formation, et un entretien final destiné à vérifier la maîtrise des compétences requises. Cette décision est souveraine et peut aboutir à une validation totale, partielle ou nulle.

12. Qu'est-ce que le dossier professionnel et quelle est sa fonction ?

Le dossier professionnel est un document rédigé par le candidat qui décrit des situations de travail réellement vécues, illustrant chacune des compétences du référentiel. Il est obligatoire pour l'accès au titre et sert de support à l'entretien avec le jury. Il doit être documenté par des annexes anonymisées, ce qui suppose généralement une période en entreprise d'un à deux mois minimum.

13. Que se passe-t-il si le candidat ne valide qu'un seul CCP ?

Le candidat obtient le certificat de compétences professionnelles correspondant, valable sans limitation de durée tant que le titre reste enregistré au RNCP. Il peut se représenter ultérieurement pour le second bloc afin d'obtenir le titre complet. Si le titre est clôturé, il dispose d'un an à compter de la fin de validité pour obtenir le certificat manquant, selon l'arrêté du 22 décembre 2015.

14. Quelle est la hiérarchie des normes applicables en droit du travail

L'ordre traditionnel place au sommet le bloc de constitutionnalité et les normes internationales et européennes, puis la loi et les règlements, les conventions et accords collectifs, le contrat de travail, et enfin les usages et engagements unilatéraux. Depuis les ordonnances de 2017, la primauté de l'accord d'entreprise sur l'accord de branche a été étendue, sauf dans treize domaines verrouillés au niveau de la branche.

15. Qu'est-ce que le principe de faveur et quelles sont ses limites ?

Le principe de faveur veut qu'en cas de conflit entre deux normes, celle qui est la plus favorable au salarié s'applique. Il conserve toute sa force entre le contrat de travail et la convention collective. En revanche, entre accord d'entreprise et accord de branche, il ne joue plus systématiquement depuis les ordonnances du 22 septembre 2017, l'accord d'entreprise primant hors des domaines réservés à la branche.

16. Quelles sont les treize matières verrouillées au niveau de la branche ?

Elles comprennent notamment les salaires minima hiérarchiques, les classifications, la mutualisation des fonds de la formation et de la prévoyance, l'égalité professionnelle, les conditions et durées de renouvellement de la période d'essai, les cas de recours aux contrats à durée déterminée et à l'intérim, la durée minimale du temps partiel, et les mesures relatives aux contrats de chantier. Dans ces domaines, l'accord d'entreprise ne peut être moins favorable.

17. Comment identifie-t-on la convention collective applicable à une entreprise ?

La convention collective se détermine par l'activité principale réellement exercée par l'entreprise, et non par le seul code APE attribué par l'INSEE, qui n'a qu'une valeur indicative. L'identifiant de convention collective, ou IDCC, doit figurer sur le bulletin de paie. En cas de pluralité d'activités, on retient l'activité qui représente la part prépondérante du chiffre d'affaires ou de l'effectif.

18. Quelle est la valeur juridique du bulletin officiel de la sécurité sociale ?

Le BOSS rassemble la doctrine administrative en matière de cotisations et contributions sociales. Depuis le 1er avril 2021, son contenu est opposable aux organismes de recouvrement : un employeur qui applique de bonne foi une position publiée ne peut faire l'objet d'un redressement sur ce fondement. Il constitue l'outil de veille quotidien du gestionnaire de paie, notamment pour les allègements et les frais professionnels.

19. Qu'appelle-t-on un usage d'entreprise et comment y met-on fin ?

Un usage est une pratique répétée, constante, générale et fixe, par exemple le versement d'une prime chaque année à tout le personnel selon un mode de calcul identique. Il s'impose à l'employeur comme une obligation. Pour le dénoncer, celui-ci doit informer individuellement les salariés concernés, informer les représentants du personnel et respecter un délai de prévenance suffisant.

20. Quelle différence existe-t-il entre convention collective et accord collectif ?

La convention collective traite l'ensemble des conditions d'emploi, de travail, de formation et des garanties sociales d'une ou plusieurs catégories professionnelles. L'accord collectif ne porte que sur un ou plusieurs sujets déterminés, par exemple l'aménagement du temps de travail ou l'intéressement. Les deux sont négociés entre employeurs et organisations syndicales représentatives et peuvent faire l'objet d'un arrêté d'extension.

21. Quel est le rôle de l'inspection du travail vis-à-vis de la paie ?

L'agent de contrôle de l'inspection du travail veille à l'application du droit du travail. Il peut exiger la communication du registre unique du personnel, des bulletins de paie, des décomptes de durée du travail et des documents relatifs à l'égalité professionnelle. Il constate les infractions par procès-verbal et peut prononcer des amendes administratives, notamment en matière de durée du travail et de salaire minimum.

22. Quelle est la compétence du conseil de prud'hommes en matière de paie ?

Le conseil de prud'hommes juge les litiges individuels nés du contrat de travail entre un employeur et un salarié de droit privé. Il connaît notamment des rappels de salaire, des heures supplémentaires, des indemnités de rupture et de la remise de documents de fin de contrat. Sa procédure comporte une phase de conciliation et d'orientation préalable au bureau de jugement.

23. Quels sont les principaux délais de prescription en matière salariale ?

L'action en paiement ou en répétition du salaire se prescrit par trois ans à compter du jour où celui qui l'exerce a connu ou aurait dû connaître les faits. L'action portant sur l'exécution du contrat se prescrit par deux ans, celle relative à la rupture par douze mois. Les actions en réparation d'un dommage corporel obéissent à un délai de dix ans.

24. Quelle est la finalité économique de la fonction paie dans l'entreprise ?

La paie sécurise juridiquement la relation de travail, garantit le versement exact des rémunérations et alimente les déclarations sociales et fiscales. Elle représente souvent le premier poste de charges de l'entreprise et constitue une source majeure de risque financier en cas d'erreur, entre redressement URSSAF, contentieux prud'homal et sanctions pénales. Elle produit également des données indispensables au pilotage social et budgétaire.

25. En quoi consiste la veille sociale du gestionnaire de paie ?

Elle consiste à suivre en continu les évolutions législatives, réglementaires, conventionnelles et jurisprudentielles ayant un impact sur la rémunération. Les sources privilégiées sont Légifrance, le BOSS, le site de l'URSSAF, le net-entreprises pour la DSN, les publications de branche et la jurisprudence de la chambre sociale de la Cour de cassation. Cette veille doit être tracée et diffusée aux équipes concernées.

Chapitre 2 — Embauche, contrat de travail et formalités

26. Qu'est-ce que la déclaration préalable à l'embauche ?

La DPAE est une formalité obligatoire adressée à l'URSSAF, ou à la MSA pour le régime agricole, avant toute embauche d'un salarié. Elle doit être effectuée au plus tôt huit jours avant l'embauche et au plus tard dans l'instant qui précède la prise de fonction effective. Elle regroupe plusieurs formalités, dont l'immatriculation de l'employeur, l'affiliation du salarié et la demande de visite d'information et de prévention.

27. Quelle sanction encourt l'employeur qui omet la DPAE ?

L'absence de déclaration préalable à l'embauche est constitutive du délit de travail dissimulé par dissimulation d'emploi salarié. Elle expose l'employeur à une pénalité égale à trois cents fois le taux horaire du minimum garanti, à un redressement forfaitaire de cotisations, à des sanctions pénales pouvant atteindre trois ans d'emprisonnement et quarante-cinq mille euros d'amende, ainsi qu'à l'indemnité forfaitaire de six mois de salaire due au salarié.

28. Quelles mentions doit comporter le registre unique du personnel

Le registre mentionne, dans l'ordre chronologique des embauches, les nom et prénoms, la date de naissance, le sexe, la nationalité, l'emploi et la qualification de chaque salarié, ainsi que les dates d'entrée et de sortie. Il indique également le type de contrat, les mentions relatives aux titres de travail des étrangers et à l'apprentissage. Il est tenu à la disposition des agents de contrôle et des représentants du personnel.

29. Quelles sont les mentions obligatoires d'un contrat à durée déterminée ?

Le CDD doit être écrit et comporter la définition précise de son motif, le nom et la qualification de la personne remplacée le cas échéant, la date d'échéance ou la durée minimale, la désignation du poste, l'intitulé de la convention collective, la durée de la période d'essai, le montant de la rémunération et les caractéristiques des caisses de retraite complémentaire et de prévoyance. Il doit être transmis dans les deux jours ouvrables suivant l'embauche.

30. Quels sont les cas de recours autorisés au contrat à durée déterminée ?

Un CDD ne peut être conclu que pour l'exécution d'une tâche précise et temporaire : remplacement d'un salarié absent, accroissement temporaire d'activité, emploi à caractère saisonnier, usage constant dans certains secteurs, contrats aidés ou d'insertion, remplacement d'un chef d'entreprise. Il ne peut jamais avoir pour objet ou pour effet de pourvoir durablement un emploi lié à l'activité normale et permanente de l'entreprise.

31. Qu'est-ce que l'indemnité de fin de contrat et quel est son régime

Appelée aussi prime de précarité, elle est égale à dix pour cent de la rémunération brute totale versée au salarié pendant le CDD, sauf taux conventionnel réduit à six pour cent assorti de contreparties de formation. Elle est soumise à cotisations, à CSG-CRDS et à l'impôt sur le revenu. Elle n'est pas due en cas de CDD saisonnier, d'usage, de contrat d'apprentissage, de rupture pour faute grave ou de refus de CDI proposé.

32. Quelle est la durée maximale d'un CDD et combien de renouvellements sont possibles ?

À défaut d'accord de branche étendu prévoyant d'autres règles, la durée totale, renouvellements compris, ne peut excéder dix-huit mois pour la plupart des motifs, neuf mois pour l'attente de l'entrée en service d'un salarié en CDI ou pour des travaux urgents de sécurité, et vingt-quatre mois notamment en cas de commande exceptionnelle à l'exportation ou de contrat exécuté à l'étranger. Deux renouvellements sont possibles dans cette limite.

33. Qu'est-ce que le délai de carence entre deux CDD ?

Lorsqu'un CDD prend fin sur un poste, il ne peut être conclu de nouveau contrat sur ce même poste avant l'expiration d'un délai de carence. À défaut d'accord de branche, ce délai est du tiers de la durée du contrat échu lorsque celui-ci a duré quatorze jours ou plus, et de la moitié lorsqu'il a duré moins de quatorze jours. Certaines situations en dispensent, comme le remplacement d'un salarié de nouveau absent.

34. Quelles sont les durées maximales de la période d'essai en CDI ?

La période d'essai initiale est de deux mois pour les ouvriers et employés, trois mois pour les agents de maîtrise et techniciens, et quatre mois pour les cadres. Elle peut être renouvelée une fois si un accord de branche étendu le prévoit et si le contrat le mentionne, dans la limite de quatre, six et huit mois respectivement, renouvellement compris.

35. Quels délais de prévenance s'appliquent à la rupture de la période d'essai ?

Lorsque l'employeur rompt la période d'essai, il respecte un délai de vingt-quatre heures en deçà de huit jours de présence, quarante-huit heures entre huit jours et un mois, deux semaines après un mois et un mois après trois mois. Lorsque c'est le salarié qui rompt, le délai est de vingt-quatre heures en deçà de huit jours de présence et de quarante-huit heures au-delà.

36. Comment se calcule la période d'essai d'un CDD ?

Sauf usage ou disposition conventionnelle plus favorable, la période d'essai d'un CDD est d'un jour par semaine de contrat, dans la limite de deux semaines lorsque la durée initiale est au plus égale à six mois, et d'un mois au-delà. Lorsque le contrat ne comporte pas de terme précis, l'essai se calcule par rapport à la durée minimale prévue.

37. Quelles obligations pèsent sur l'employeur en matière de suivi médical ?

Tout salarié bénéficie d'une visite d'information et de prévention réalisée dans les trois mois suivant la prise de poste par un professionnel de santé au travail. Les salariés affectés à des postes à risques relèvent d'un suivi individuel renforcé avec examen médical d'aptitude préalable à l'embauche. S'y ajoutent les visites de reprise, de préreprise et la visite de mi-carrière organisée autour du quarante-cinquième anniversaire.

38. Quelles sont les obligations d'affiliation aux régimes complémentaires ?

L'employeur affilie obligatoirement ses salariés à une institution de retraite complémentaire du régime unifié Agirc-Arrco et, le cas échéant, à l'organisme de prévoyance et à la complémentaire santé désignés par la convention collective. La couverture santé collective est obligatoire pour tous les salariés depuis 2016, avec une participation patronale au moins égale à cinquante pour cent de la cotisation.

39. Dans quels cas un salarié peut-il refuser d'adhérer à la mutuelle d'entreprise ?

Les dispenses sont prévues par l'acte fondateur ou par la réglementation : salarié déjà couvert par une complémentaire individuelle en cours au moment de la mise en place, bénéficiaire de la complémentaire santé solidaire, couverture obligatoire en qualité d'ayant droit, contrat court ou temps très partiel sous conditions, apprentis dont la cotisation dépasse dix pour cent de la rémunération. La demande de dispense doit être écrite et conservée.

40. Qu'est-ce que le contrat d'apprentissage et quelles sont ses spécificités en paie ?

Le contrat d'apprentissage associe formation en centre et travail en entreprise, sous statut de salarié. La rémunération minimale est un pourcentage du SMIC variable selon l'âge et l'année d'exécution du contrat. Depuis le 1er mars 2025, l'exonération de cotisations salariales et de CSG-

CRDS est limitée à la fraction de rémunération n'excédant pas cinquante pour cent du SMIC, contre soixante-dix-neuf pour cent auparavant.

41. Comment se calcule la rémunération minimale d'un apprenti en première année ?

En première année, la rémunération minimale est de vingt-sept pour cent du SMIC pour un apprenti de moins de dix-huit ans, quarante-trois pour cent entre dix-huit et vingt ans, cinquante-trois pour cent entre vingt et un et vingt-cinq ans, et cent pour cent du SMIC ou du salaire minimum conventionnel pour les vingt-six ans et plus. Ces taux progressent en deuxième et troisième années.

42. Quelles sont les particularités du contrat de professionnalisation

Il s'adresse aux jeunes de seize à vingt-cinq ans et aux demandeurs d'emploi de vingt-six ans et plus. La rémunération minimale varie de cinquante-cinq à quatre-vingts pour cent du SMIC selon l'âge et le niveau de qualification, sans pouvoir être inférieure au SMIC ou à quatre-vingt-cinq pour cent du minimum conventionnel pour les vingt-six ans et plus. Le salarié est un salarié de droit commun soumis aux cotisations ordinaires.

43. Quelles obligations s'imposent lors de l'embauche d'un travailleur étranger ?

L'employeur doit vérifier l'existence d'une autorisation de travail auprès de la préfecture au moins deux jours ouvrables avant l'embauche, sauf pour les ressortissants de l'Espace économique européen et de la Suisse. Le titre autorisant le travail est mentionné dans le registre unique du personnel. L'emploi d'un étranger sans titre expose à une contribution spéciale à l'OFII et à des sanctions pénales lourdes.

44. Qu'est-ce que le contrat de travail temporaire du point de vue de la paie ?

Le salarié intérimaire est lié par un contrat de mission à l'entreprise de travail temporaire, qui est son employeur et établit son bulletin de paie. L'entreprise utilisatrice conclut un contrat de mise à disposition.

L'intérimaire perçoit une rémunération au moins égale à celle d'un salarié de qualification équivalente de l'entreprise utilisatrice, majorée d'une indemnité de fin de mission et d'une indemnité compensatrice de congés payés de dix pour cent.

45. Quelles clauses spécifiques peuvent figurer dans un contrat de travail ?

Les principales sont la clause de non-concurrence, qui suppose une limitation dans le temps et l'espace ainsi qu'une contrepartie financière, la clause de mobilité définissant une zone géographique précise, la clause d'exclusivité, la clause de dédit-formation et la clause d'objectifs. Toutes doivent être indispensables à la protection des intérêts légitimes de l'entreprise et proportionnées au but recherché.

46. Quel est le régime social et fiscal de la contrepartie de non-concurrence ?

L'indemnité compensatrice de non-concurrence a la nature d'un salaire. Elle est soumise à l'ensemble des cotisations sociales, à la CSG-CRDS au taux applicable aux revenus d'activité, ainsi qu'à l'impôt sur le revenu et au prélèvement à la source. Elle est versée après la rupture du contrat et doit figurer sur un bulletin de paie mensuel distinct pendant toute la durée de l'obligation.

47. Qu'est-ce que le CDI de chantier ou d'opération ?

Il s'agit d'un contrat à durée indéterminée conclu pour la durée d'un chantier ou d'une opération, dont la rupture à l'achèvement de celui-ci repose sur une cause réelle et sérieuse spécifique. Il requiert un accord de branche étendu, ou à défaut un usage habituel dans le secteur. Le salarié bénéficie du préavis et de l'indemnité de licenciement de droit commun lorsque les conditions d'ancienneté sont remplies.

48. Quelles sont les règles de fond du contrat de travail à temps partiel ?

Le contrat écrit mentionne la qualification, la rémunération, la durée hebdomadaire ou mensuelle, la répartition des horaires, les modalités de communication des changements et les limites d'heures complémentaires. La durée minimale légale est de vingt-quatre heures hebdomadaires, sauf accord de branche, demande écrite et motivée du salarié, étudiant de moins de vingt-six ans ou contrat de moins de sept jours.

49. Quel est le régime des heures complémentaires ?

Les heures complémentaires sont celles effectuées au-delà de la durée contractuelle par un salarié à temps partiel. Elles sont plafonnées à un dixième de la durée contractuelle, ou un tiers en cas d'accord collectif, et ne peuvent porter la durée du travail au niveau de la durée légale. Elles sont majorées de dix pour cent dans la limite du dixième, puis de vingt-cinq pour cent au-delà.

50. Qu'est-ce qu'un avenant de complément d'heures ?

Prévu par accord de branche étendu, l'avenant de complément d'heures augmente temporairement la durée du travail d'un salarié à temps partiel. Les heures accomplies dans ce cadre ne sont pas des heures complémentaires et ne bénéficient pas nécessairement d'une majoration, sauf si l'accord le prévoit. Le nombre d'avenants est limité, généralement à huit par an et par salarié hors remplacement.

51. Quelles informations doivent être remises au salarié à l'embauche

Depuis la transposition de la directive européenne relative à des conditions de travail transparentes, l'employeur doit remettre au salarié, dans un délai de sept jours puis d'un mois selon les informations, un ensemble de données écrites : identité des parties, lieu de travail, intitulé du poste, date d'embauche, durée du travail, rémunération et ses composantes, congés payés, procédure de rupture, organismes de sécurité sociale et droit à la formation.

52. Comment le numéro de sécurité sociale d'un nouvel embauché est-il vérifié ?

Le gestionnaire utilise le service de vérification d'identité des salariés proposé sur net-entreprises. Ce service contrôle la cohérence entre le NIR, l'état civil et le répertoire national d'identification des personnes physiques. Une identification erronée génère des anomalies en DSN, un défaut d'alimentation des droits sociaux du salarié et des difficultés dans le traitement du prélèvement à la source.

53. Qu'est-ce que le numéro identifiant d'attente ?

Lorsque le salarié ne dispose pas encore de numéro de sécurité sociale définitif, notamment en cas de première immatriculation ou pour un ressortissant étranger, la caisse attribue un numéro identifiant d'attente. Il est utilisé provisoirement en DSN et doit être remplacé par le NIR définitif dès son attribution, afin d'assurer le rattachement correct des droits et des cotisations au bon assuré.

54. Quelles obligations s'imposent en matière de protection des données de paie ?

Le traitement des données de paie relève du règlement général sur la protection des données. L'employeur inscrit ce traitement au registre des activités, limite les données collectées à ce qui est nécessaire, restreint les accès aux seules personnes habilitées et informe les salariés. La CNIL recommande une conservation des bulletins de paie pendant cinq ans en base active, le double d'archivage légal restant de cinquante ans pour l'employeur.

55. Combien de temps l'employeur doit-il conserver le double des bulletins de paie ?

L'employeur conserve un double des bulletins de paie, sous forme papier ou électronique, pendant cinq ans. Le salarié, lui, doit conserver ses bulletins sans limitation de durée car ils servent à la liquidation de ses droits à retraite. Les documents relatifs aux charges sociales et à la taxe sur les salaires se conservent trois ans, et le registre unique du personnel cinq ans après le départ du salarié.

56. Quelles sont les conditions de la dématérialisation du bulletin de paie ?

L'employeur peut remettre le bulletin sous forme électronique sauf opposition du salarié, qui peut la manifester à tout moment. Il doit garantir l'intégrité, la disponibilité pendant cinquante ans ou jusqu'aux soixante-quinze ans du salarié, la confidentialité et l'accessibilité via le compte personnel d'activité. Le salarié doit être informé un mois avant la première émission dématérialisée de son droit d'opposition.

57. Qu'est-ce que le titre emploi service entreprise ?

Le TESE est un dispositif gratuit de l'URSSAF réservé aux entreprises de moins de vingt salariés. Il permet d'accomplir en une seule déclaration la plupart des formalités liées à l'embauche et à l'emploi, l'URSSAF calculant les cotisations, éditant le bulletin de paie et effectuant la DSN. Il reste incompatible avec certaines situations complexes, notamment certaines conventions collectives ou certains dispositifs d'épargne salariale.

58. Quels documents composent le dossier individuel du salarié ?

Le dossier réunit le contrat de travail et ses avenants, la DPAE, la copie de la pièce d'identité et du titre de travail le cas échéant, l'attestation de sécurité sociale, le relevé d'identité bancaire, les documents de suivi médical, les bulletins de paie, les arrêts de travail, les entretiens professionnels et, en fin de contrat, les documents de sortie. Sa conservation obéit à des durées différenciées.

59. Quelle différence entre l'effectif « sécurité sociale » et l'effectif « code du travail » ?

L'effectif sécurité sociale, défini par l'article L. 130-1 du code de la sécurité sociale, correspond à la moyenne du nombre de personnes employées au cours de chacun des mois de l'année civile précédente ; il sert au calcul des seuils de cotisations. L'effectif code du travail est apprécié à la date du fait générateur et sert notamment aux obligations en matière de représentation du personnel.

60. Comment fonctionne le mécanisme de neutralisation des seuils d'effectif ?

Depuis la loi PACTE, le franchissement à la hausse d'un seuil d'effectif n'a d'effet que s'il est constaté pendant cinq années civiles consécutives. À l'inverse, un franchissement à la baisse sur une seule année civile fait immédiatement perdre le bénéfice du seuil supérieur et remet le compteur à zéro. Ce mécanisme sécurise les entreprises en croissance contre les effets de seuil brutaux.

Chapitre 3 — Gestion administrative courante et relations avec les tiers

61. Quels sont les organismes destinataires des déclarations sociales

L'URSSAF recouvre les cotisations de sécurité sociale, la CSG-CRDS, l'assurance chômage, le FNAL et la contribution solidarité autonomie. L'Agirc-Arrco encaisse la retraite complémentaire. S'y ajoutent les organismes de prévoyance et de complémentaire santé, les caisses de congés payés dans le bâtiment et les spectacles, les opérateurs de compétences pour la formation, et la direction générale des finances publiques pour le prélèvement à la source.

62. Quel est le rôle du centre national Transfert des données sociales

Le CN-TDS, opéré par net-entreprises, assure la réception des DSN, leur contrôle technique et leur redistribution aux organismes destinataires. C'est le point d'entrée unique du dépôt déclaratif. Il retourne à l'entreprise des comptes rendus métier qui signalent les anomalies constatées par chaque organisme et permettent au gestionnaire de paie de corriger les données sur la déclaration suivante ou par un signalement spécifique.

63. Quelles sont les obligations d'un employeur envers France Travail ?

L'employeur déclare les rémunérations et les périodes d'emploi via la DSN, qui alimente le calcul des droits à l'allocation d'aide au retour à l'emploi. À la rupture, il transmet l'attestation employeur destinée à France Travail, désormais dématérialisée par le signalement de fin de contrat de travail unique. Il verse les contributions d'assurance chômage recouvrées par l'URSSAF et, le cas échéant, la contribution au dialogue social.

64. Qu'est-ce que le bonus-malus de la contribution d'assurance chômage ?

Ce dispositif module le taux de la contribution patronale d'assurance chômage, normalement de quatre virgule zéro cinq pour cent, entre trois et cinq pour cent, en fonction du taux de séparation de l'entreprise comparé à celui de son secteur. Il concerne les entreprises d'au moins onze salariés relevant de sept secteurs à fort recours aux contrats courts. Le taux modulé est notifié annuellement par l'URSSAF.

65. Quelles sont les obligations relatives à l'emploi des travailleurs handicapés ?

Toute entreprise d'au moins vingt salariés doit employer des bénéficiaires de l'obligation d'emploi à hauteur de six pour cent de son effectif. La déclaration s'effectue en DSN et la contribution éventuelle est recouvrée par l'URSSAF. Le statut de bénéficiaire de l'obligation d'emploi est déclaré chaque mois pour chaque salarié concerné, ce qui suppose une collecte fiable des justificatifs par le service du personnel.

66. Comment fonctionne la contribution à la formation professionnelle ?

Depuis 2022, la contribution unique à la formation professionnelle et à l'alternance est recouvrée par l'URSSAF via la DSN. Elle regroupe la contribution à la formation professionnelle, dont le taux est de zéro virgule cinquante-cinq pour cent pour les entreprises de moins de onze salariés et de un pour cent au-delà, et la taxe d'apprentissage. La contribution supplémentaire à l'apprentissage frappe les grandes entreprises insuffisamment engagées dans l'alternance.

67. Qu'est-ce que le solde de la taxe d'apprentissage ?

La taxe d'apprentissage comporte une part principale de zéro virgule cinquante-neuf pour cent affectée au financement de l'apprentissage, et un solde de zéro virgule zéro neuf pour cent destiné aux formations initiales technologiques et professionnelles. Ce solde est déclaré et recouvré annuellement par l'URSSAF, puis réparti par l'employeur via la plateforme SOLTéA en désignant les établissements bénéficiaires.

68. Comment se calcule la participation de l'employeur à l'effort de construction ?

La participation des employeurs à l'effort de construction concerne les entreprises d'au moins cinquante salariés. Son taux est de zéro virgule quarante-cinq pour cent de la masse salariale de l'année précédente. Elle est versée à Action Logement et déclarée en DSN. Elle est distincte du FNAL, cotisation patronale de zéro virgule dix pour cent sur la tranche plafonnée pour les entreprises de moins de cinquante salariés, et zéro virgule cinquante pour cent sur la totalité au-delà.

69. Qu'est-ce que le versement mobilité ?

Le versement mobilité est une contribution patronale destinée au financement des transports en commun, due par les employeurs d'au moins onze salariés situés dans le périmètre d'une autorité organisatrice de la mobilité. Son taux est fixé par la collectivité et s'applique à la totalité de la rémunération soumise à cotisations. Il est déclaré en DSN à partir du code du lieu de travail de chaque salarié.

70. Quelle est l'obligation de l'employeur en matière de frais de transport domicile-travail ?

L'employeur prend en charge obligatoirement cinquante pour cent du coût des abonnements de transports publics et de services publics de location de vélos. Cette prise en charge est exonérée de cotisations et d'impôt dans cette limite. Il peut aussi verser facultativement un forfait mobilités durables ou une prime de transport, dans les limites d'exonération fixées annuellement par la loi de finances.

71. Comment fonctionne la mise à disposition des titres-restaurant ?

La participation patronale au titre-restaurant est exonérée de cotisations sociales et d'impôt sur le revenu lorsqu'elle est comprise entre cinquante et soixante pour cent de la valeur du titre et ne dépasse pas le plafond annuel revalorisé. Un seul titre peut être attribué par jour de travail effectif comportant une pause repas. La part salariale est retenue sur le bulletin de paie.

72. Qu'est-ce que la retenue sur salaire pour absence injustifiée ?

Il ne s'agit pas d'une sanction pécuniaire, interdite par le code du travail, mais de la contrepartie de l'absence de travail fourni. La retenue doit être strictement proportionnelle à la durée de l'absence, calculée selon une méthode constante et clairement identifiée sur le bulletin. Toute retenue forfaitaire supérieure au temps réellement non travaillé serait requalifiée en sanction pécuniaire illicite.

73. Quelles sont les règles de la saisie sur rémunération ?

La saisie sur rémunération est mise en œuvre après tentative de conciliation devant le juge de l'exécution. Le montant saisissable est déterminé par un barème progressif annuel appliqué à la rémunération nette des douze derniers mois, corrigé des charges de famille. Une fraction absolument insaisissable, égale au montant forfaitaire du revenu de solidarité active pour une personne seule, doit toujours être laissée au salarié.

74. Quelle différence existe entre saisie et avis à tiers détenteur ?

La saisie sur rémunération résulte d'un titre exécutoire mis en œuvre par le greffe du tribunal après conciliation. La saisie administrative à tiers détenteur, ancienne procédure d'avis à tiers détenteur, est notifiée directement par le comptable public pour le recouvrement des impôts et amendes. Toutes deux respectent les mêmes fractions saisissables, mais la seconde ne suppose pas d'intervention judiciaire préalable.

75. Comment traite-t-on une pension alimentaire en paie ?

La pension alimentaire fait l'objet d'une procédure de paiement direct qui prime sur toutes les autres saisies. Elle échappe au barème des fractions saisissables et peut être prélevée sur l'intégralité de la rémunération, sous réserve du maintien du montant forfaitaire du revenu de solidarité active. L'employeur doit verser les sommes au créancier dans les délais fixés par la notification de l'huissier de justice.

76. Qu'est-ce qu'une avance sur salaire et comment se récupère-t-elle ?

L'avance est le versement d'une somme correspondant à un travail non encore effectué. Sa récupération obéit aux règles de la saisie : l'employeur ne peut retenir que la fraction saisissable, soit au maximum un dixième de la rémunération. L'acompte, à l'inverse, correspond à un travail déjà accompli et se déduit intégralement du salaire du mois, sans limitation.

77. À quelles conditions un salarié peut-il demander un acompte ?

Tout salarié mensualisé peut demander un acompte correspondant à la quinzaine écoulée, l'employeur ne pouvant refuser. Son montant est alors égal à la moitié de la rémunération mensuelle. L'acompte figure sur le bulletin du mois considéré en déduction du net à payer et ne donne pas lieu à un bulletin distinct, contrairement à ce qui est parfois pratiqué à tort.

78. Quelles sont les règles de paiement du salaire ?

Le salaire est versé au moins une fois par mois pour les salariés mensualisés et au moins deux fois par mois à seize jours d'intervalle pour les autres. Le paiement s'effectue par virement bancaire au-delà de mille cinq cents euros par mois, ou par chèque barré. Le paiement en espèces est possible en deçà de ce seuil et à la demande du salarié.

79. Que recouvre le principe « à travail égal, salaire égal » ?

Ce principe impose à l'employeur d'assurer une rémunération identique aux salariés placés dans une situation identique au regard de l'emploi occupé, de l'ancienneté, de la qualification et des responsabilités. Toute différence doit reposer sur des éléments objectifs, matériellement vérifiables et étrangers à toute discrimination. La charge de la preuve de la justification pèse sur l'employeur une fois la différence établie par le salarié.

80. Quels sont les critères de discrimination interdits en matière de rémunération ?

L'article L. 1132-1 du code du travail énumère plus de vingt-cinq critères prohibés, parmi lesquels l'origine, le sexe, les mœurs, l'orientation sexuelle, l'âge, la situation de famille, la grossesse, l'appartenance à une ethnie ou une nation, les opinions politiques, les activités syndicales, les convictions religieuses, l'apparence physique, le patronyme, le lieu de résidence, l'état de santé et le handicap.

81. Qu'est-ce que l'index de l'égalité professionnelle ?

Les entreprises d'au moins cinquante salariés calculent et publient annuellement un index sur cent points mesurant les écarts de rémunération entre les femmes et les hommes, les écarts de taux d'augmentation et de promotion, les augmentations au retour de congé maternité et la part de femmes parmi les dix plus hautes rémunérations. Un score inférieur à soixante-quinze points impose des mesures correctives dans un délai de trois ans.

82. Quelles sont les obligations liées au retour de congé maternité en matière salariale ?

La salariée de retour de congé maternité doit bénéficier des augmentations générales intervenues pendant son absence, ainsi que de la moyenne des augmentations individuelles accordées aux salariés de la même catégorie professionnelle. Cette obligation est d'ordre public et son non-respect ouvre droit à un rappel de salaire. Elle s'applique également au congé d'adoption et est intégrée au calcul de l'index d'égalité.

83. Comment le compte personnel de formation est-il alimenté ?

Le CPF est alimenté en euros à hauteur de cinq cents euros par an pour un salarié à temps plein, dans la limite d'un plafond de cinq mille euros, et de huit cents euros par an plafonnés à huit mille euros pour les salariés peu qualifiés. L'alimentation résulte des données de la DSN. Le titulaire mobilise ses droits librement via le service dématérialisé Mon Compte Formation.

84. Qu'est-ce que l'entretien professionnel et quelle est son incidence financière ?

L'entretien professionnel est organisé tous les deux ans et donne lieu à un état des lieux récapitulatif tous les six ans. Dans les entreprises d'au moins cinquante salariés, l'absence d'entretiens et de formation non obligatoire sur six ans entraîne un abondement correctif du CPF de trois mille euros, versé à la Caisse des dépôts. Cette pénalité relève du suivi du service paie et ressources humaines.

85. Quelles sont les obligations en matière de bulletin de paie des salariés protégés ?

Les salariés titulaires d'un mandat représentatif bénéficient d'heures de délégation rémunérées comme temps de travail effectif. Ces heures apparaissent distinctement sur le bulletin ou sur un document annexé, afin de préserver la confidentialité de l'activité syndicale. Le dépassement du crédit d'heures en circonstances exceptionnelles doit être justifié par le représentant, mais l'employeur doit d'abord payer avant de contester.

86. Comment traite-t-on la rémunération d'un salarié en mandat syndical à temps plein ?

Lorsque le salarié exerce un mandat externe et bénéficie d'une mise à disposition ou d'un congé, l'employeur peut maintenir la rémunération et se faire rembourser par l'organisation syndicale, ou suspendre le contrat. Dans tous les cas, le maintien du salaire est soumis à cotisations. Le salarié conserve ses droits à évolution salariale et ne peut subir aucune discrimination liée à son mandat.

87. Quelles sont les obligations documentaires en fin de mois pour le service paie ?

Le service établit les bulletins, procède au paiement, transmet la DSN mensuelle avant le cinq ou le quinze du mois suivant, effectue le versement du prélèvement à la source, archive les journaux de paie, met à jour le livre de paie et transmet à la comptabilité les écritures de charges de personnel.

Il contrôle également les états de rapprochement entre journal de paie et DSN.

88. Qu'est-ce que le livre de paie et est-il obligatoire ?

Le livre de paie récapitulait chronologiquement l'ensemble des bulletins émis. Son caractère obligatoire a été supprimé, mais la conservation du double des bulletins reste imposée pendant cinq ans. En pratique, le journal de paie mensuel produit par le logiciel en tient lieu et sert de pièce justificative pour la comptabilité, les contrôles URSSAF et les rapprochements avec les déclarations sociales.

89. Quelles écritures comptables la paie génère-t-elle ?

On débite les comptes de charges de personnel, 641 pour les rémunérations et 645 pour les charges sociales patronales, et l'on crédite le compte 421 pour les rémunérations nettes dues, les comptes 43 pour les organismes sociaux et le compte 442 pour le prélèvement à la source. Le règlement se traduit ensuite par le débit de ces comptes de tiers et le crédit de la banque.

90. Qu'est-ce qu'une provision pour congés payés et comment la calcule-t-on ?

La provision constate la dette de l'entreprise envers ses salariés au titre des congés acquis non encore pris à la clôture. Elle se calcule salarié par salarié, en valorisant le solde de jours acquis au taux du dixième de la rémunération de la période de référence ou par la méthode du maintien, majoré des charges patronales correspondantes. Elle est déductible fiscalement dans les entreprises soumises à l'impôt sur les sociétés.

Chapitre 4 — Durée du travail, heures supplémentaires et aménagements

91. Qu'est-ce que le temps de travail effectif ?

Le temps de travail effectif est défini comme le temps pendant lequel le salarié est à la disposition de l'employeur et se conforme à ses directives sans pouvoir vaquer librement à des occupations personnelles. Cette définition, posée à l'article L. 3121-1 du code du travail, conditionne le décompte des heures, le déclenchement des heures supplémentaires et le respect des durées maximales de travail.

92. Quelle est la durée légale du travail et quelle est sa portée ?

La durée légale est fixée à trente-cinq heures par semaine civile, soit cent cinquante et une heures et soixante-sept centièmes par mois. Ce n'est ni une durée maximale ni une durée minimale : c'est le seuil de déclenchement des heures supplémentaires. La semaine civile débute le lundi à zéro heure et s'achève le dimanche à vingt-quatre heures, sauf accord collectif définissant une autre période.

93. Comment obtient-on le coefficient mensuel de cent cinquante et une heures soixante-sept ?

Trente-cinq heures multipliées par cinquante-deux semaines donnent mille huit cent vingt heures annuelles ; divisées par douze mois, elles aboutissent à cent cinquante et une heures et soixante-sept centièmes par mois. Ce coefficient sert de base à la mensualisation, qui neutralise les variations du nombre de jours ouvrés d'un mois à l'autre et garantit au salarié une rémunération constante.

94. Quelles sont les durées maximales de travail à respecter ?

La durée quotidienne ne peut excéder dix heures, portée à douze heures par accord ou dérogation. La durée hebdomadaire absolue est de quarante-huit heures, et de quarante-quatre heures en moyenne sur douze semaines consécutives, cette moyenne pouvant être portée à quarante-six heures par accord de branche étendu. Le dépassement de ces plafonds ouvre droit à réparation sans que le salarié ait à démontrer un préjudice.

95. Quels repos obligatoires l'employeur doit-il garantir ?

Le salarié bénéficie d'un repos quotidien de onze heures consécutives minimum et d'un repos hebdomadaire de vingt-quatre heures consécutives s'ajoutant au repos quotidien, soit trente-cinq heures, donné en principe le dimanche. Une pause de vingt minutes consécutives est due dès que le temps de travail quotidien atteint six heures. Ces règles sont d'ordre public et leur violation est pénalement sanctionnée.

96. Qu'est-ce qu'une heure supplémentaire ?

Il s'agit de toute heure de travail effectif accomplie au-delà de la durée légale hebdomadaire de trente-cinq heures, à la demande de l'employeur ou avec son accord au moins implicite. Le décompte est hebdomadaire, sauf dispositif d'aménagement du temps de travail sur une période supérieure. Les heures supplémentaires s'imposent au salarié qui ne peut les refuser sans motif légitime.

97. Quels sont les taux de majoration des heures supplémentaires ?

À défaut d'accord, la majoration est de vingt-cinq pour cent pour les huit premières heures, de la trente-sixième à la quarante-troisième, puis de cinquante pour cent au-delà. Un accord d'entreprise ou de branche peut prévoir un taux différent, sans pouvoir descendre en dessous de dix pour cent. Cette possibilité de dérogation est régulièrement contrôlée lors des vérifications de conformité de la paie.

98. Qu'est-ce que le contingent annuel d'heures supplémentaires ?

Le contingent est fixé par accord collectif ou, à défaut, à deux cent vingt heures par an et par salarié. Les heures effectuées dans le contingent donnent lieu à majoration et éventuellement à contrepartie conventionnelle. Au-delà, elles ouvrent droit à une contrepartie obligatoire en repos de cinquante pour cent dans les entreprises d'au plus vingt salariés et de cent pour cent au-delà.

99. Comment se calcule le repos compensateur de remplacement ?

L'accord collectif peut prévoir le remplacement du paiement des heures supplémentaires et de leur majoration par un repos équivalent. Une heure majorée à vingt-cinq pour cent donne ainsi droit à une heure quinze de repos. Les heures ainsi compensées ne s'imputent pas sur le contingent annuel. Le repos doit être pris dans un délai fixé par l'accord et son suivi figure sur le bulletin ou une annexe.

100. Quel est le régime social des heures supplémentaires ?

Les rémunérations des heures supplémentaires et complémentaires bénéficient d'une réduction de cotisations salariales d'assurance vieillesse, plafonnée à onze virgule trente et un pour cent de la rémunération correspondante. Les entreprises de moins de vingt-cinq salariés bénéficient d'une déduction forfaitaire de cotisations patronales de un euro cinquante par heure supplémentaire, et celles de vingt-cinq à moins de deux cent cinquante salariés d'une déduction de cinquante centimes.

101. Quel est le régime fiscal des heures supplémentaires ?

La rémunération des heures supplémentaires et complémentaires est exonérée d'impôt sur le revenu dans la limite annuelle de sept mille cinq cents euros nets imposables par salarié. La fraction excédentaire est imposable et soumise au prélèvement à la source. La totalité reste soumise à CSG-CRDS sans que la part exonérée d'impôt ne bénéficie de la déductibilité partielle de la CSG.

102. Qu'est-ce qu'une convention de forfait en heures ?

La convention de forfait en heures fixe une rémunération forfaitaire incluant un nombre déterminé d'heures supplémentaires, sur une base hebdomadaire, mensuelle ou annuelle. Elle nécessite un accord écrit du salarié et, pour le forfait annuel, un accord collectif préalable. La rémunération forfaitaire doit être au moins égale au salaire minimum conventionnel majoré des heures supplémentaires incluses, contrôle à effectuer régulièrement.

103. Qu'est-ce qu'une convention de forfait en jours ?

Elle permet de décompter le temps de travail en journées et non en heures, dans la limite de deux cent dix-huit jours par an. Elle est réservée aux cadres autonomes et aux salariés dont la durée du travail ne peut être prédéterminée. Elle exige un accord collectif prévoyant des garanties de suivi de la charge de travail, un entretien annuel et un droit à la déconnexion effectif.

104. Que se passe-t-il si l'accord encadrant le forfait jours est insuffisant ?

La convention individuelle de forfait est privée d'effet. Le salarié peut alors réclamer le paiement des heures supplémentaires effectivement accomplies au-delà de trente-cinq heures hebdomadaires, sur trois ans de prescription, ainsi que les repos compensateurs correspondants. Ce risque financier majeur impose de vérifier la conformité de l'accord collectif aux exigences de la jurisprudence sur le suivi de la charge de travail.

105. Qu'est-ce que le rachat de jours de repos dans un forfait jours ?

Le salarié peut, en accord avec l'employeur, renoncer à une partie de ses jours de repos en contrepartie d'une majoration de salaire d'au moins dix pour cent. Le nombre de jours travaillés ne peut alors dépasser deux cent trente-cinq jours, sauf disposition conventionnelle différente. L'accord doit être écrit et renouvelé chaque année ; il ne peut résulter d'un simple usage.

106. En quoi consiste l'aménagement du temps de travail sur une période supérieure à la semaine ?

Un accord collectif peut organiser la répartition de la durée du travail sur une période allant jusqu'à trois ans. Les heures supplémentaires se décomptent alors au terme de la période, au-delà de mille six cent sept heures annuelles ou de la limite fixée par l'accord. En l'absence d'accord, l'employeur peut unilatéralement aménager le temps sur neuf semaines au plus dans les entreprises de moins de cinquante salariés.

107. Comment se détermine la durée annuelle de mille six cent sept heures ?

Elle correspond à trente-cinq heures multipliées par quarante-cinq virgule sept semaines travaillées, une fois déduits les congés payés, les jours fériés et le repos hebdomadaire, arrondi à mille six cents heures auxquelles s'ajoutent les sept heures de la journée de solidarité. Cette durée sert de seuil de déclenchement des heures supplémentaires dans les dispositifs d'annualisation.

108. Qu'est-ce que la journée de solidarité ?

La journée de solidarité est une journée de travail supplémentaire non rémunérée, destinée au financement de l'autonomie des personnes âgées et handicapées. Elle est fixée par accord ou, à défaut, par décision unilatérale de l'employeur après consultation du comité social et économique. Elle est plafonnée à sept heures pour un temps plein, proratisée pour un temps partiel, et donne lieu à la contribution solidarité autonomie.

109. Qu'est-ce que le compte épargne-temps ?

Le CET permet au salarié d'accumuler des droits à congé rémunéré ou de bénéficier d'une rémunération différée en contrepartie de périodes de congé ou de repos non prises. Il est mis en place par accord collectif qui en fixe l'alimentation, l'utilisation, la valorisation et les conditions de liquidation. Les sommes versées lors de l'utilisation sont soumises à cotisations au moment du versement effectif.

110. Quel est le régime des astreintes ?

L'astreinte est la période pendant laquelle le salarié, sans être sur son lieu de travail et sans être à la disposition permanente de l'employeur, doit être en mesure d'intervenir. Elle n'est pas du temps de travail effectif mais donne lieu à une compensation financière ou en repos. En revanche, la durée de l'intervention, temps de trajet inclus, constitue du temps de travail effectif.

111. Comment sont rémunérées les heures de nuit ?

Le travail de nuit s'entend en principe de la période comprise entre vingt et une heures et six heures. Le travailleur de nuit bénéficie de contreparties obligatoires en repos compensateur, et le cas échéant d'une compensation salariale prévue par accord collectif. La majoration financière n'est pas légale mais quasiment toujours conventionnelle ; son taux et son assiette doivent être vérifiés dans la convention applicable.

112. Quelles sont les règles relatives au travail du dimanche ?

Le repos hebdomadaire est en principe donné le dimanche. De nombreuses dérogations existent, permanentes de droit, conventionnelles ou accordées par le préfet ou le maire. Selon le fondement de la dérogation, le salarié bénéficie ou non d'une majoration légale de salaire, généralement de cent pour cent dans les zones touristiques internationales et commerciales, ou de contreparties fixées par accord collectif.

113. Quel est le régime des jours fériés en paie ?

Seul le 1er mai est un jour férié légalement chômé et payé pour tous ; le travail ce jour-là, lorsqu'il est autorisé, ouvre droit à une majoration de cent pour cent. Les autres jours fériés ne sont chômés que si la loi, la convention collective ou l'usage le prévoit. Le chômage d'un jour férié ne peut entraîner de perte de salaire pour les salariés ayant au moins trois mois d'ancienneté.

114. Comment traite-t-on un jour férié tombant un jour habituellement non travaillé ?

Un jour férié qui coïncide avec un jour de repos habituel, tel qu'un samedi ou un dimanche pour un salarié travaillant du lundi au vendredi, ne donne lieu à aucune compensation, ni en repos ni en salaire, sauf disposition conventionnelle plus favorable. Ce point fait l'objet de nombreuses réclamations et doit être expliqué clairement aux salariés lors de la publication des plannings.

115. Qu'est-ce que le décompte des heures selon la méthode réelle ?

La méthode réelle consiste à retenir le nombre exact d'heures que le salarié aurait dû travailler dans le mois, en fonction du calendrier et de son horaire contractuel. Elle est utilisée pour valoriser une absence ou une entrée-sortie en cours de mois. Elle donne un résultat exact mais variable selon les mois, contrairement à la méthode forfaitaire fondée sur le coefficient mensuel moyen.

116. En quoi consiste la méthode dite des heures moyennes pour valoriser une absence ?

Elle rapporte le salaire mensuel au coefficient de cent cinquante et une heures soixante-sept, ce qui donne un taux horaire constant appliqué aux heures d'absence. Simple et stable, elle peut cependant conduire à retenir plus que le salaire du mois lorsque l'absence couvre un mois entier comportant plus d'heures théoriques. La jurisprudence exige que la méthode retenue ne pénalise pas le salarié.

117. Qu'est-ce que la déduction dite « entrée-sortie » ?

Lorsqu'un salarié est embauché ou quitte l'entreprise en cours de mois, la rémunération est proratisée. La méthode la plus sécurisante consiste à multiplier le nombre d'heures réellement travaillées par le taux horaire, ou à calculer le rapport entre jours ouvrés travaillés et jours ouvrés du mois. La méthode retenue doit être constante et documentée dans une note de procédure interne.

118. Comment décompter le temps de trajet professionnel ?

Le temps de trajet entre le domicile et le lieu habituel de travail n'est pas du temps de travail effectif. Lorsqu'il dépasse le temps normal de trajet, il ouvre droit à une contrepartie en repos ou financière. En revanche, le temps de déplacement entre deux lieux de travail au cours de la journée constitue du temps de travail effectif rémunéré comme tel.

119. Quelles obligations de décompte pèsent sur l'employeur ?

Lorsque tous les salariés d'un service ne travaillent pas selon le même horaire collectif affiché, l'employeur doit établir un décompte quotidien et hebdomadaire de la durée du travail de chacun. Ces documents sont tenus à la disposition de l'inspection du travail pendant un an. En cas de litige sur les heures supplémentaires, la charge de la preuve est partagée mais l'absence de décompte fragilise fortement l'employeur.

120. Qu'est-ce que l'activité partielle et comment est-elle indemnisée

L'activité partielle permet à l'employeur de réduire ou suspendre l'activité en cas de difficultés conjoncturelles. Le salarié perçoit une indemnité horaire au moins égale à soixante pour cent de sa rémunération brute antérieure, avec un plancher au SMIC net, et l'employeur reçoit une allocation de l'État et de l'UNEDIC. L'indemnité est soumise à CSG-CRDS au taux des revenus de remplacement mais exonérée de cotisations.

121. Quel est le régime de l'activité partielle de longue durée ?

Ce dispositif, subordonné à un accord collectif ou à un document unilatéral homologué, permet une réduction d'activité durable en contrepartie d'engagements de maintien de l'emploi et de formation. L'indemnisation du salarié est plus favorable que dans le régime de droit commun et le taux d'allocation versée à l'employeur est également supérieur. La réduction d'horaire est plafonnée à quarante pour cent de la durée légale.

122. Comment les heures d'activité partielle sont-elles traitées pour les congés payés ?

Les périodes d'activité partielle sont assimilées à du temps de travail effectif pour la détermination des droits à congés payés. Elles sont également prises en compte pour l'ancienneté et pour la retraite complémentaire par un mécanisme de points de solidarité. En revanche, l'indemnité versée n'entre pas dans l'assiette des cotisations, ce qui suppose un paramétrage spécifique des rubriques de paie.

123. Qu'est-ce que le télétravail et quelles obligations en découlent en paie ?

Le télétravail est encadré par accord collectif, charte ou simple accord entre les parties. L'employeur peut verser une allocation forfaitaire couvrant les frais engagés, exonérée de cotisations dans les limites fixées par le BOSS, soit environ deux euros soixante par jour de télétravail dans la limite mensuelle prévue. Le télétravailleur conserve les mêmes droits que les autres salariés, notamment en matière de titres-restaurant.

124. Comment gérer les heures supplémentaires structurelles ?

Lorsqu'un salarié travaille de manière permanente au-delà de trente-cinq heures, par exemple trente-neuf heures, les quatre heures supplémentaires hebdomadaires sont mensualisées et intégrées à la rémunération de base sous forme d'une ligne distincte majorée. Le calcul mensuel retient dix-sept heures trente-trois centièmes, obtenues en multipliant quatre heures par cinquante-deux semaines puis en divisant par douze.

PARTIE II — CONSTRUCTION DU BULLETIN DE PAIE

Chapitre 5 — Détermination de la rémunération brute

125. Comment le salaire est-il juridiquement défini ?

Le salaire est la contrepartie du travail fourni dans le cadre d'un lien de subordination. Il comprend le salaire de base, les accessoires de salaire tels que primes, gratifications, majorations et avantages en nature, ainsi que les sommes ayant le caractère de complément de rémunération. Sont exclues les sommes ayant la nature de remboursement de frais professionnels ou de dommages-intérêts.

126. Quels sont les montants du SMIC applicables en 2026 ?

Au 1er janvier 2026, le SMIC horaire brut est fixé à 12,02 euros, soit 1 823,03 euros mensuels pour une durée de 151,67 heures. Il a été revalorisé au 1er juin 2026 à 12,31 euros de l'heure, soit 1 867,02 euros par mois. Cette double valeur impose une vigilance particulière dans les paramétrages et les régularisations en cours d'année.

127. Quelle particularité affecte le SMIC de référence de la RGDU en 2026 ?

Le décret n° 2026-509 du 12 juin 2026, publié au Journal officiel du 14 juin, gèle le paramètre SMIC retenu pour le calcul du coefficient de la réduction générale dégressive unique à sa valeur du 1er janvier 2026, soit 12,02 euros de l'heure, pour toute l'année. Deux valeurs de SMIC coexistent donc en 2026 : 12,31 euros pour la rémunération, 12,02 euros pour l'allègement.

128. Que recouvre l'assiette de comparaison au SMIC ?

Pour vérifier le respect du SMIC, on retient le salaire de base et les avantages en nature, ainsi que les primes constituant la contrepartie directe du travail fourni. Sont exclues les primes d'ancienneté, d'assiduité, les majorations pour heures supplémentaires, les primes de vacances, la participation, l'intéressement et les remboursements de frais professionnels. Cette comparaison s'effectue mois par mois.

129. Qu'est-ce que le minimum garanti et à quoi sert-il ?

Le minimum garanti est un indice économique distinct du SMIC, fixé à 4,25 euros au 1er janvier 2026. Il sert principalement à évaluer les avantages en nature nourriture dans les hôtels, cafés et restaurants, à calculer certaines indemnités de licenciement dans les régimes agricoles et à déterminer le montant de la pénalité en cas de travail dissimulé, égale à trois cents fois le minimum garanti.

130. Comment se contrôle le respect du salaire minimum conventionnel ?

Le salaire minimum conventionnel est fixé par la grille de classification de la convention collective, en fonction du coefficient ou du niveau attribué au salarié. L'assiette de comparaison est définie par la convention elle-même, ce qui la distingue de celle du SMIC. Le contrôle s'effectue généralement sur une base mensuelle ou annuelle selon les stipulations conventionnelles et doit être documenté.

131. Qu'est-ce qu'une prime d'ancienneté et comment se calcule-t-elle ?

La prime d'ancienneté n'est jamais légale : elle résulte d'une convention collective, d'un accord, d'un usage ou du contrat. Elle se calcule généralement en appliquant un pourcentage progressif au salaire minimum conventionnel de la catégorie, et non au salaire réel, sauf disposition contraire. Elle constitue un élément de salaire soumis à cotisations et entre dans l'assiette de l'indemnité de congés payés.

132. Quelles sont les caractéristiques d'une prime obligatoire ?

Une prime devient obligatoire lorsqu'elle résulte de la loi, d'une convention collective, du contrat de travail, d'un usage ou d'un engagement unilatéral de l'employeur. Elle doit alors être versée selon les critères prévus, sans que l'employeur puisse la supprimer ou la modifier unilatéralement. À l'inverse, une gratification purement bénévole, exceptionnelle et discrétionnaire ne crée pas de droit acquis.

133. Comment se distingue une prime d'un remboursement de frais

Une prime rémunère le travail et entre dans l'assiette des cotisations. Un remboursement de frais professionnels compense une charge inhérente à l'emploi, engagée dans l'intérêt de l'entreprise. Il est exclu de l'assiette dès lors qu'il est justifié par des dépenses réelles ou qu'il respecte les limites d'exonération forfaitaire publiées par le BOSS. Une prime qualifiée abusivement de frais est requalifiée en salaire.

134. Quelles sont les principales allocations forfaitaires de frais professionnels ?

Elles comprennent l'indemnité de repas sur le lieu de travail, l'indemnité de restauration hors des locaux, l'indemnité de repas au restaurant en déplacement, les indemnités de grand déplacement pour le logement et le petit-déjeuner, les indemnités kilométriques selon le barème fiscal, l'allocation forfaitaire de télétravail et les indemnités de mobilité professionnelle. Leurs montants sont publiés chaque année par l'URSSAF.

135. Qu'est-ce qu'un avantage en nature ?

L'avantage en nature est la fourniture par l'employeur d'un bien ou d'un service, gratuitement ou moyennant une participation inférieure à sa valeur réelle, permettant au salarié d'économiser des frais personnels. Il constitue un élément de rémunération soumis à cotisations, CSG-CRDS et impôt sur le revenu. Il doit figurer distinctement sur le bulletin, être intégré au brut puis déduit du net.

136. Comment évalue-t-on l'avantage en nature nourriture ?

L'avantage nourriture est évalué forfaitairement par repas, avec un montant fixé annuellement par arrêté. Dans les hôtels, cafés et restaurants, il est évalué par référence au minimum garanti. L'employeur peut retenir la valeur réelle lorsqu'elle est supérieure. Lorsque la participation du salarié est au moins égale à la moitié du forfait, l'administration admet l'absence d'avantage en nature.

137. Comment évalue-t-on l'avantage en nature logement ?

Deux méthodes coexistent : le forfait, déterminé par un barème à huit tranches fonction de la rémunération brute et du nombre de pièces, ou la valeur locative servant à l'établissement de la taxe d'habitation majorée des avantages accessoires. L'employeur choisit la méthode, mais doit l'appliquer de manière homogène. Les avantages accessoires tels que l'eau, l'électricité ou le chauffage sont valorisés séparément dans la méthode réelle.

138. Comment évalue-t-on l'avantage en nature véhicule ?

Pour un véhicule acheté, l'évaluation forfaitaire est de neuf pour cent du coût d'achat, ou six pour cent si le véhicule a plus de cinq ans, ces taux étant majorés lorsque l'employeur prend en charge le carburant. Pour un véhicule loué, elle est d'un pourcentage du coût global annuel de la location, entretien et assurance compris, plafonné au montant qui résulterait de l'achat.

139. Quelles sont les règles applicables aux véhicules électriques mis à disposition ?

Les dépenses d'électricité engagées par l'employeur pour la recharge ne sont pas prises en compte dans le calcul de l'avantage en nature. Un abattement spécifique s'applique sur l'évaluation forfaitaire, dans la limite d'un plafond annuel. La mise à disposition d'une borne de recharge sur le lieu de travail est également exclue de l'assiette, y compris pour un usage privé du salarié.

140. Comment traite-t-on l'avantage en nature lié aux outils de communication ?

L'usage privé d'un téléphone, d'un ordinateur ou d'un accès internet fourni par l'employeur constitue en principe un avantage en nature. Toutefois, lorsque l'usage privé découle d'un usage professionnel et reste raisonnable, l'URSSAF admet la tolérance d'une absence d'avantage. À défaut de justificatifs, l'évaluation forfaitaire correspond à dix pour cent du coût annuel d'achat ou de l'abonnement.

141. Qu'est-ce qu'un avantage tarifaire consenti au personnel ?

La fourniture de produits ou services de l'entreprise à tarif préférentiel n'est pas considérée comme un avantage en nature lorsque la réduction n'excède pas trente pour cent du prix de vente public normal. Au-delà de ce seuil, l'avantage est réintégré dans l'assiette pour la totalité de la remise. La vente à un prix inférieur au prix de revient constitue toujours un avantage en nature intégral.

142. Quel est le régime des prestations du comité social et économique ?

Les prestations des activités sociales et culturelles servies par le CSE bénéficient d'une tolérance de non-assujettissement lorsqu'elles ne sont pas liées à la contrepartie du travail. Les bons d'achat et cadeaux sont exonérés lorsqu'ils ne dépassent pas, par événement et par an, le seuil fixé par l'URSSAF exprimé en pourcentage du plafond mensuel de la sécurité sociale, sous conditions d'objet et d'utilisation.

143. Qu'est-ce que la prime de partage de la valeur ?

La prime de partage de la valeur est une prime facultative versée par décision unilatérale ou accord d'entreprise, dans la limite de trois mille euros par bénéficiaire et par an, portée à six mille euros sous conditions. Elle est exonérée de cotisations sociales mais reste soumise à CSG-CRDS et, sauf cas particuliers, à l'impôt sur le revenu. Elle est intégrée à l'assiette de la réduction générale.

144. Quelles sont les règles de l'intéressement ?

L'intéressement est un dispositif facultatif d'association des salariés aux résultats ou aux performances, mis en place par accord pour une durée de un à cinq ans. Les sommes versées sont exonérées de cotisations sociales mais soumises à CSG-CRDS et, dans les entreprises d'au moins deux cent cinquante salariés, au forfait social. Elles sont exonérées d'impôt si elles sont affectées à un plan d'épargne salariale.

145. Quelles sont les règles de la participation aux résultats ?

La participation est obligatoire dans les entreprises d'au moins cinquante salariés ayant réalisé un bénéfice suffisant. La réserve spéciale se calcule selon une formule légale associant bénéfice net, capitaux propres, salaires et valeur ajoutée. Les sommes sont bloquées cinq ans sauf cas de déblocage anticipé, exonérées de cotisations, soumises à CSG-CRDS et exonérées d'impôt en cas de placement.

146. Comment fonctionne l'abondement de l'employeur à un plan d'épargne ?

L'abondement complète les versements volontaires du salarié sur un plan d'épargne entreprise ou un plan d'épargne retraite collectif. Il est plafonné à trois cents pour cent du versement du salarié et à un pourcentage du plafond annuel de la sécurité sociale. Il est exonéré de cotisations, soumis à CSG-CRDS sans abattement pour frais professionnels et, au-delà de certains seuils, au forfait social.

147. Qu'est-ce que le forfait social et quels sont ses taux ?

Le forfait social est une contribution patronale assise sur les sommes exonérées de cotisations mais soumises à CSG. Son taux de droit commun est de vingt pour cent. Des taux réduits de huit ou dix pour cent existent, notamment pour la prévoyance dans les entreprises d'au moins onze salariés et pour certains versements en épargne retraite. L'intéressement en est exonéré dans les entreprises de moins de deux cent cinquante salariés.

148. Quel est le régime des indemnités de mobilité professionnelle ?

Les indemnités destinées à compenser les frais liés à un changement de résidence pour raisons professionnelles sont exonérées dans les limites forfaitaires publiées par le BOSS : frais d'hébergement provisoire, frais de réinstallation dans le nouveau logement, frais de déménagement sur justificatifs. Au-delà de ces limites ou en l'absence de justificatifs de la mobilité, elles constituent un complément de salaire assujetti.

149. Comment traite-t-on une prime exceptionnelle purement discrétionnaire ?

Elle constitue un élément de salaire soumis à l'ensemble des cotisations, à la CSG-CRDS et à l'impôt. Son caractère discrétionnaire ne l'exonère de rien : il évite seulement la création d'un droit acquis pour l'avenir. Elle doit néanmoins respecter le principe de non-discrimination et d'égalité de traitement, ce qui suppose des critères d'attribution objectifs et vérifiables en cas de contestation.

150. Qu'est-ce qu'une prime de treizième mois et quelle est son incidence ?

Le treizième mois est un supplément de rémunération d'origine conventionnelle, contractuelle ou coutumière. En cas de départ en cours d'année, il est dû au prorata si le texte le prévoit ou si l'usage l'établit. Il entre dans l'assiette des cotisations, dans le calcul du salaire de référence pour l'indemnité de licenciement et, selon sa nature, dans celui de l'indemnité de congés payés.

151. Une prime de treizième mois entre-t-elle dans l'assiette du dixième des congés payés ?

Elle n'y entre pas lorsqu'elle est versée globalement pour l'année, périodes de travail et de congé confondues, car son montant n'est pas affecté par la prise des congés. En revanche, une prime calculée exclusivement sur les périodes de travail effectif, ou réduite en cas d'absence pour congés, doit être intégrée à l'assiette de l'indemnité de congés payés.

152. Comment traite-t-on une prime versée à échéance non mensuelle ?

La prime est rattachée à la période d'emploi au titre de laquelle elle est versée, mais elle est soumise à cotisations au titre du mois de son versement. Le plafond de sécurité sociale applicable est celui du mois de paiement, sous réserve de la régularisation progressive annuelle qui neutralise les distorsions liées aux versements irréguliers.

153. Qu'est-ce que le principe de la régularisation progressive du plafond ?

Ce mécanisme consiste à recalculer, chaque mois, le plafond applicable en cumulant les plafonds des mois écoulés et à comparer ce cumul à la rémunération cumulée. Les cotisations plafonnées sont ainsi ajustées mois après mois. Il évite les effets de bord liés aux primes exceptionnelles et se substitue à la régularisation annuelle unique, aujourd'hui réservée à quelques situations particulières.

154. Comment se proratise le plafond en cas de temps partiel ?

Le plafond est réduit proportionnellement à la durée du travail, selon le rapport entre la durée contractuelle et la durée légale ou conventionnelle applicable dans l'entreprise. Ce prorata suppose une clause de proratisation du plafond dans le contrat de travail ou une pratique constante. Il ne s'applique pas automatiquement et son omission est une source fréquente de redressement.

155. Comment se proratise le plafond en cas d'entrée ou de sortie en cours de mois ?

Le plafond est réduit en fonction du nombre de jours de la période d'emploi rapporté au nombre de jours du mois civil. On retient un plafond journalier, publié chaque année, multiplié par le nombre de jours calendaires de présence. Cette règle vaut pour toutes les absences non rémunérées d'une durée d'au moins une journée entière.

156. Que recouvre la notion de rémunération brute soumise à cotisations ?

L'article L. 242-1 du code de la sécurité sociale retient toutes les sommes versées aux travailleurs en contrepartie ou à l'occasion du travail, notamment les salaires, indemnités de congés payés, primes, gratifications, avantages en argent et en nature, et pourboires. Les exclusions sont limitativement énumérées : frais professionnels justifiés, indemnités à caractère de dommages-intérêts et sommes bénéficiant d'une exonération légale.

157. Quel est le régime social des pourboires ?

Les pourboires remis volontairement par les clients aux salariés en contact avec la clientèle bénéficient d'une exonération de cotisations et contributions sociales ainsi que d'impôt sur le revenu, pour les salariés dont la rémunération n'excède pas mille six cents fois le SMIC horaire. Ce dispositif, initialement temporaire, doit être vérifié chaque année dans la loi de finances applicable.

158. Comment traite-t-on la rémunération variable fondée sur des objectifs ?

La part variable doit reposer sur des objectifs portés à la connaissance du salarié en début de période, réalisables et rédigés en français. À défaut de fixation des objectifs, le juge alloue au salarié la rémunération variable maximale ou une somme calculée sur la moyenne des périodes antérieures. La variable est soumise à cotisations au moment de son versement.

159. Qu'est-ce que la mensualisation et quelle est sa portée ?

La mensualisation garantit au salarié une rémunération mensuelle indépendante du nombre de jours travaillés dans le mois, calculée sur la base de l'horaire mensuel moyen. Elle emporte également le maintien de salaire en cas de maladie sous conditions d'ancienneté, l'indemnisation des jours fériés chômés et le paiement des heures perdues pour certains événements familiaux. Elle bénéficie à tous les salariés sauf exceptions limitativement définies.

160. Quel est le régime des indemnités pour congés pour événements familiaux ?

Le code du travail impose des congés rémunérés pour mariage, PACS, naissance, décès d'un proche et annonce du handicap d'un enfant, sans condition d'ancienneté. Ces jours sont assimilés à du temps de travail effectif et n'entraînent aucune réduction de rémunération. Les conventions collectives prévoient fréquemment des durées supérieures qu'il convient d'appliquer si elles sont plus favorables.

161. Comment calcule-t-on le taux horaire d'un salarié mensualisé ?

Le taux horaire s'obtient en divisant le salaire mensuel de base par l'horaire mensuel contractuel, soit cent cinquante et une heures soixante-sept pour un temps plein à trente-cinq heures. Ce taux sert de base au calcul des heures supplémentaires, des retenues pour absence et de nombreuses indemnités. Il doit être recalculé à chaque modification du salaire ou de la durée contractuelle.

162. Quel est le traitement d'un rappel de salaire portant sur une période antérieure ?

Le rappel est soumis aux taux de cotisations en vigueur au titre de la période d'emploi à laquelle il se rattache, ce qui suppose de reconstituer les paramètres historiques. Il est déclaré en DSN sur la période de versement avec un rattachement à la période d'emploi concernée. Fiscalement, il est imposable au titre de l'année de perception, sous réserve du système du quotient.

163. Qu'est-ce que le salaire de référence et à quoi sert-il ?

Le salaire de référence est une moyenne de rémunération servant de base au calcul de nombreuses indemnités : indemnité de licenciement, indemnité compensatrice de congés payés, indemnités journalières de sécurité sociale ou allocations chômage. Sa composition varie selon l'usage : la période retenue, les éléments inclus et les règles de reconstitution en cas d'absence diffèrent d'un dispositif à l'autre.

164. Comment se contrôle la cohérence du brut d'un bulletin ?

On vérifie l'exactitude du salaire de base au regard du contrat et de la grille conventionnelle, la conformité des heures décomptées, la justification de chaque prime par un texte ou une décision, la valorisation des absences, l'évaluation des avantages en nature et le respect du SMIC et du minimum conventionnel. Ce contrôle doit être formalisé dans une check-list mensuelle et tracé.

Chapitre 6 — Cotisations et contributions sociales

165. Quelle différence existe-t-il entre cotisation et contribution sociale ?

La cotisation ouvre en principe des droits à prestations au bénéfice de celui qui la verse ou de ses ayants droit ; elle relève d'une logique assurantielle. La contribution, telle que la CSG ou la CRDS, est un prélèvement de nature fiscale destiné au financement solidaire de la protection sociale, sans contrepartie directe. Cette distinction emporte des conséquences en matière de contentieux et de recouvrement.

166. Quel est le montant du plafond de la sécurité sociale en 2026 ?

L'arrêté du 22 décembre 2025, publié au Journal officiel du 23 décembre 2025, fixe le plafond annuel de la sécurité sociale à 48 060 euros pour 2026, soit un plafond mensuel de 4 005 euros, en hausse de deux pour cent par rapport aux 3 925 euros de 2025. À Mayotte, le plafond mensuel est fixé à 3 022 euros.

167. À quoi sert le plafond de la sécurité sociale ?

Il détermine l'assiette maximale de certaines cotisations, notamment l'assurance vieillesse plafonnée, et sert de référence pour le découpage en tranches de la retraite complémentaire. Il conditionne également le calcul de nombreuses prestations, les seuils d'exonération sociale et fiscale des indemnités de rupture, le plafonnement des indemnités journalières et les limites d'exonération de l'épargne salariale.

168. Comment se décomposent les tranches de cotisations en 2026 ?

La tranche 1, ou tranche A, correspond à la fraction de rémunération comprise entre zéro et un plafond, soit 4 005 euros mensuels en 2026. La tranche 2 s'étend d'un à huit plafonds, soit de 4 005 à 32 040 euros. Au-delà de huit plafonds, aucune cotisation de retraite complémentaire n'est due, seules subsistent les cotisations déplafonnées.

169. Quels sont les taux de la cotisation d'assurance maladie en 2026

La cotisation patronale d'assurance maladie, maternité, invalidité et décès est due au taux de treize pour cent sur la totalité de la rémunération. Depuis le 1er janvier 2026, le taux réduit de sept pour cent applicable aux rémunérations inférieures à deux virgule cinq SMIC a été supprimé et intégré à la réduction générale dégressive unique. Il n'existe pas de part salariale, sauf en Alsace-Moselle.

170. Quelle est la cotisation supplémentaire du régime local d'Alsace-Moselle ?

Les salariés relevant du régime local d'assurance maladie du Bas-Rhin, du Haut-Rhin et de la Moselle acquittent une cotisation salariale supplémentaire, dont le taux est fixé par le conseil d'administration du régime, actuellement de un virgule trois pour cent sur la totalité de la rémunération. En contrepartie, ils bénéficient d'un niveau de remboursement des soins supérieur au régime général.

171. Quels sont les taux de la cotisation d'assurance vieillesse ?

La cotisation vieillesse plafonnée est de six virgule quarante-deux pour cent pour la part patronale et six virgule quarante-cinq pour cent pour la part salariale, dans la limite du plafond mensuel. La cotisation vieillesse déplafonnée s'élève à deux virgule zéro deux pour cent côté employeur et zéro virgule quarante pour cent côté salarié, appliquée à la totalité de la rémunération.

172. Quel est le taux de la cotisation d'allocations familiales en 2026

Le taux de droit commun est de cinq virgule vingt-cinq pour cent, exclusivement patronal, sur la totalité de la rémunération. Le taux réduit de trois virgule quarante-cinq pour cent applicable aux rémunérations inférieures à trois virgule cinq SMIC a été supprimé au 1er janvier 2026 pour la généralité des employeurs, cette réduction étant désormais intégrée à la réduction générale dégressive unique.

173. Comment est déterminé le taux de la cotisation accidents du travail ?

Le taux est notifié annuellement par la caisse d'assurance retraite et de la santé au travail pour chaque établissement, en fonction de son activité et de sa sinistralité. La tarification est collective pour les entreprises de moins de vingt salariés, individuelle à partir de cent cinquante salariés, et mixte entre les deux. La cotisation est exclusivement patronale et assise sur la totalité de la rémunération.

174. Qu'est-ce que la majoration forfaitaire du taux AT-MP ?

Le taux net notifié résulte du taux brut auquel s'ajoutent trois majorations forfaitaires : la majoration M1 finançant les accidents de trajet, la majoration M2 couvrant les charges générales et les frais de gestion, et la majoration M3 destinée aux compensations inter-régimes et à la pénibilité. Ces majorations sont fixées annuellement par arrêté et s'appliquent uniformément à tous les employeurs.

175. Qu'est-ce que la contribution solidarité autonomie ?

La CSA est une contribution patronale de zéro virgule trente pour cent assise sur la totalité de la rémunération, destinée au financement de l'autonomie des personnes âgées et handicapées. Elle est la contrepartie de la journée de solidarité. S'y ajoute la contribution additionnelle de solidarité pour l'autonomie de zéro virgule trois pour cent, mais celle-ci pèse sur les pensions et non sur les salaires.

176. Quel est le taux du FNAL et comment varie-t-il ?

Le fonds national d'aide au logement est financé par une cotisation patronale de zéro virgule dix pour cent assise sur la rémunération plafonnée pour les employeurs de moins de cinquante salariés, et de zéro virgule cinquante pour cent sur la totalité de la rémunération pour les employeurs de cinquante salariés et plus. Ce seuil est apprécié selon les règles d'effectif du code de la sécurité sociale.

177. Quels sont les taux des contributions d'assurance chômage ?

La contribution d'assurance chômage est exclusivement patronale au taux de quatre virgule zéro cinq pour cent, dans la limite de quatre plafonds mensuels. S'y ajoute la cotisation AGS destinée à la garantie des salaires en cas de procédure collective, dont le taux est fixé par le conseil d'administration de l'AGS et s'applique également dans la limite de quatre plafonds.

178. Quelle est l'utilité de la cotisation AGS ?

L'association pour la gestion du régime de garantie des créances des salariés couvre le paiement des salaires, préavis et indemnités de rupture lorsque l'employeur, placé en redressement ou liquidation judiciaire, ne dispose plus des fonds nécessaires. Cette cotisation exclusivement patronale n'est pas due par les employeurs de personnel de maison ni par les particuliers employeurs.

179. Comment se structurent les cotisations Agirc-Arrco ?

Le régime unifié de retraite complémentaire applique un taux de sept virgule quatre-vingt-sept pour cent sur la tranche 1, réparti à hauteur de soixante pour cent pour l'employeur et quarante pour cent pour le salarié, et de vingt et un virgule cinquante-neuf pour cent sur la tranche 2 selon la même répartition. Ces taux résultent de l'application d'un taux de calcul des points majoré d'un pourcentage d'appel de cent vingt-sept pour cent.

180. Qu'est-ce que la contribution d'équilibre général ?

La CEG est due sur les deux tranches, au taux de deux virgule quinze pour cent sur la tranche 1 et de deux virgule soixante-dix pour cent sur la tranche 2, répartie à soixante pour cent pour l'employeur et quarante pour cent pour le salarié. Elle a remplacé les anciennes cotisations AGFF et GMP lors de la fusion Agirc-Arrco de 2019 et finance les départs anticipés.

181. Qu'est-ce que la contribution d'équilibre technique ?

La CET est due par les salariés dont la rémunération excède le plafond de la sécurité sociale. Son taux est de zéro virgule trente-cinq pour cent, appliqué à la totalité de la rémunération dans la limite de huit plafonds, et réparti selon la clé de soixante pour cent pour l'employeur et quarante pour cent pour le salarié. Elle ne génère aucun droit à points.

182. Qu'est-ce que l'APEC et qui en est redevable ?

La cotisation à l'association pour l'emploi des cadres est due pour les salariés relevant du statut cadre, au taux de zéro virgule zéro vingt-quatre pour cent sur les tranches A et B, soit dans la limite de quatre plafonds, réparti à soixante pour cent pour l'employeur et quarante pour cent pour le salarié. Elle finance les services d'accompagnement à l'emploi des cadres.

183. Comment se calcule le pourcentage d'appel Agirc-Arrco ?

Le taux de cotisation contractuel, dit taux de calcul des points, est majoré d'un pourcentage d'appel de cent vingt-sept pour cent. Cette majoration ne génère pas de points de retraite supplémentaires : elle contribue à l'équilibre financier du régime. Ainsi un taux contractuel de six virgule vingt pour cent sur la tranche 1 aboutit à un taux d'appel de sept virgule quatre-vingt-sept pour cent.

184. Quel est le régime des cotisations de prévoyance complémentaire ?

Les contributions patronales à un régime de prévoyance collectif et obligatoire sont exclues de l'assiette des cotisations dans la limite d'un montant égal à la somme de six pour cent du plafond annuel et un virgule cinq pour cent de la rémunération, le total ne pouvant excéder douze pour cent du plafond annuel. La fraction excédentaire est réintégrée dans l'assiette.

185. Quel est le régime des cotisations de retraite supplémentaire ?

Les contributions patronales à un régime de retraite supplémentaire collectif et obligatoire sont exonérées dans la limite de cinq pour cent de la rémunération, sans pouvoir excéder cinq pour cent de cinq plafonds annuels. Elles restent soumises à CSG-CRDS et au forfait social au taux de vingt pour cent. Le dépassement de la limite entraîne l'assujettissement de la seule fraction excédentaire.

186. Les cotisations patronales de complémentaire santé sont-elles exonérées ?

Depuis 2013, la contribution patronale au financement de la complémentaire santé est intégralement assujettie à l'impôt sur le revenu et donc réintégrée dans le net imposable. Elle demeure exonérée de cotisations de sécurité sociale dans les limites du régime de prévoyance, mais reste soumise à CSG-CRDS et au forfait social de huit pour cent dans les entreprises d'au moins onze salariés.

187. Qu'est-ce que la taxe sur les salaires et qui la doit ?

Elle est due par les employeurs non soumis à la TVA sur au moins quatre-vingt-dix pour cent de leur chiffre d'affaires, notamment les associations, les organismes financiers et certaines professions libérales. Son barème progressif comporte un taux normal de quatre virgule vingt-cinq pour cent et deux taux majorés de huit virgule cinquante et treize virgule soixante pour cent selon des seuils annuels de rémunération individuelle.

188. Quelles sont les modalités de recouvrement des cotisations URSSAF ?

Les entreprises d'au moins onze salariés déclarent et paient mensuellement, au plus tard le cinq du mois suivant lorsque la paie est versée le dernier jour du mois, ou le quinze dans les autres cas. Les entreprises de moins de onze salariés peuvent opter pour une périodicité trimestrielle, l'échéance étant fixée au quinze du mois suivant le trimestre civil.

189. Quelles sanctions s'appliquent en cas de retard de paiement des cotisations ?

Le retard entraîne une majoration de retard initiale de cinq pour cent du montant dû, complétée par une majoration complémentaire de zéro virgule vingt pour cent par mois ou fraction de mois écoulé. S'y ajoutent des pénalités pour défaut ou retard de production de la DSN, calculées par salarié et par mois, ainsi que des pénalités pour inexactitude des données déclarées.

190. Qu'est-ce que le droit à l'erreur en matière de cotisations ?

Un cotisant de bonne foi qui régularise spontanément une erreur bénéficie d'une réduction de moitié des majorations de retard. En cas de contrôle, l'absence de mauvaise foi conduit également à un traitement plus favorable des majorations. Le dispositif ne couvre pas les manquements répétés ni les cas de travail dissimulé, exclus par principe de toute mesure de bienveillance.

191. Qu'est-ce que le rescrit social ?

Le rescrit permet à un cotisant d'interroger formellement l'URSSAF sur l'application d'une réglementation à sa situation. La réponse explicite engage l'organisme et lui interdit tout redressement ultérieur fondé sur une interprétation différente, tant que la situation et la législation restent inchangées. Cette sécurisation est particulièrement utile pour les avantages en nature, les frais professionnels et les dispositifs d'épargne salariale.

192. Comment se déroule un contrôle URSSAF ?

Le contrôle est précédé d'un avis adressé au moins trente jours avant la première visite, accompagné de la charte du cotisant contrôlé. L'inspecteur examine les pièces sur place ou sur pièces, puis adresse une lettre d'observations. Le cotisant dispose de trente jours pour répondre, délai prorogeable, avant la mise en demeure. La période vérifiée porte sur les trois années civiles précédentes.

193. Quels sont les recours contre un redressement URSSAF ?

Après la mise en demeure, le cotisant saisit la commission de recours amiable de l'URSSAF dans un délai de deux mois. En cas de rejet explicite ou implicite, il porte l'affaire devant le pôle social du tribunal judiciaire dans les deux mois. La procédure est gratuite et la représentation par avocat n'est pas obligatoire en première instance.

194. Qu'est-ce que la solidarité financière du donneur d'ordre ?

Le donneur d'ordre qui conclut un contrat d'au moins cinq mille euros doit vérifier tous les six mois que son cocontractant est à jour de ses obligations sociales, en obtenant une attestation de vigilance. À défaut, il peut être tenu solidairement au paiement des cotisations, majorations et pénalités dues par son sous-traitant en cas de travail dissimulé constaté.

195. Quelles sont les caractéristiques de la CSG ?

La contribution sociale généralisée est due par les personnes fiscalement domiciliées en France et à la charge d'un régime obligatoire d'assurance maladie. Sur les revenus d'activité, son taux global est de neuf virgule deux pour cent, dont six virgule huit pour cent déductibles de l'impôt sur le revenu et deux virgule quatre pour cent non déductibles. Elle est intégralement à la charge du salarié.

196. Quelle est l'assiette de la CSG sur les revenus d'activité ?

L'assiette est constituée de la rémunération brute, à laquelle s'ajoutent les contributions patronales de prévoyance, de retraite supplémentaire et de complémentaire santé, ainsi que les sommes issues de l'épargne salariale. Un abattement pour frais professionnels de un virgule soixante-quinze pour cent s'applique dans la limite de quatre plafonds annuels, mais uniquement sur les éléments constituant une rémunération au sens strict.

197. Quelles sommes échappent à l'abattement d'assiette de la CSG

L'abattement de un virgule soixante-quinze pour cent ne s'applique pas aux contributions patronales de prévoyance et de retraite supplémentaire, à l'intéressement, à la participation, à l'abondement, aux indemnités de rupture, aux indemnités de congés payés versées par les caisses ni aux sommes issues du compte épargne-temps. Ces éléments supportent la CSG-CRDS sur cent pour cent de leur montant.

198. Quelles sont les caractéristiques de la CRDS ?

La contribution au remboursement de la dette sociale est prélevée au taux de zéro virgule cinq pour cent sur la même assiette que la CSG, avec le même abattement d'assiette. Elle est intégralement non déductible de l'impôt sur le revenu. Créée en 1996 pour être temporaire, elle finance la caisse d'amortissement de la dette sociale et a été prorogée à plusieurs reprises.

199. Quel est le régime de CSG-CRDS des revenus de remplacement

Les indemnités journalières de sécurité sociale, les indemnités d'activité partielle et les allocations chômage sont soumises à une CSG au taux réduit de six virgule deux pour cent, dont trois virgule huit pour cent déductibles, et à la CRDS au taux de zéro virgule cinq pour cent, sans abattement d'assiette. Des exonérations ou taux réduits s'appliquent selon le revenu fiscal de référence du bénéficiaire.

200. Qu'est-ce que le principe d'écrêtement de la CSG-CRDS ?

Lorsque le prélèvement de CSG-CRDS sur une indemnité de remplacement aurait pour effet de porter le montant net en dessous du SMIC brut, l'employeur applique un écrêtement afin que le net versé ne soit pas inférieur à ce seuil. Ce mécanisme protège les bas revenus, notamment lors du versement d'indemnités d'activité partielle ou d'indemnités complémentaires de maladie.

201. En quoi consiste la réduction générale dégressive unique instaurée en 2026 ?

Depuis le 1er janvier 2026, la RGDU fusionne l'ancienne réduction générale, dite réduction Fillon, et les deux bandeaux de taux réduits de cotisations maladie et allocations familiales. Elle s'applique désormais aux rémunérations inférieures à trois SMIC, contre un virgule six SMIC auparavant, et devient nulle à ce seuil. Cette réforme découle de la LFSS pour 2025 puis de la LFSS pour 2026.

202. Quelle est la formule de calcul du coefficient de la RGDU ?

Le coefficient est égal à Tmin augmenté du produit de Tdelta par le facteur suivant : la moitié du rapport entre trois fois le SMIC annuel et la rémunération annuelle brute, diminuée de un, le tout élevé à la puissance

P. Le décret du 31 décembre 2025 fixe le coefficient de puissance P à un virgule soixante-quinze. La valeur maximale du coefficient est égale à Tmin plus Tdelta.

203. Quels sont les coefficients maximaux de la RGDU en 2026 ?

Au niveau du SMIC, le coefficient maximal atteint zéro virgule trois mille neuf cent quatre-vingt-un pour les entreprises de moins de cinquante salariés soumises au FNAL de zéro virgule dix pour cent, et zéro virgule quatre mille vingt et un pour les entreprises de cinquante salariés et plus soumises au FNAL de zéro virgule cinquante pour cent. Les valeurs sont publiées par le BOSS.

204. Quelles cotisations sont couvertes par la RGDU ?

La réduction s'impute sur les cotisations patronales de sécurité sociale, à savoir maladie, maternité, invalidité, décès, vieillesse et allocations familiales, sur la cotisation AT-MP dans la limite d'un taux plafond fixé par décret, sur la contribution solidarité autonomie, sur le FNAL, sur la contribution d'assurance chômage et sur les cotisations patronales de retraite complémentaire Agirc-Arrco, contribution d'équilibre général comprise.

205. Comment s'articule la RGDU avec la prime de partage de la valeur ?

La réduction s'applique aux revenus d'activité majorés, le cas échéant, du montant des primes de partage de la valeur versées au salarié. Cette intégration à l'assiette de comparaison peut réduire le montant de l'allègement pour les salariés proches du seuil de trois SMIC. Elle doit être prise en compte dans les simulations de coût employeur préalables au versement de la prime.

206. Quels employeurs sont exclus du bénéfice de la RGDU ?

Sont exclus l'État, les collectivités territoriales et leurs établissements publics administratifs, les particuliers employeurs et certains régimes spéciaux. La LFSS pour 2026 maintient toutefois les bandeaux maladie et famille pour certains employeurs relevant de régimes spéciaux qui en bénéficiaient sans être éligibles à la réduction générale, avec des seuils d'éligibilité confirmés par le décret du 31 décembre 2025.

207. Quelles exonérations zonées ou sectorielles subsistent ?

Subsistent notamment les exonérations applicables outre-mer dites LODEOM, les exonérations en zones de revitalisation rurale, les régimes des jeunes entreprises innovantes, les dispositifs applicables aux structures d'insertion par l'activité économique, aux associations intermédiaires, aux entreprises adaptées, ainsi qu'aux marins et aux artistes du spectacle. Elles ne sont généralement pas cumulables avec la RGDU sur les mêmes cotisations.

208. Quel est le régime social de la rémunération d'un apprenti en 2026 ?

Depuis le 1er mars 2025, l'exonération de cotisations salariales et de CSG-CRDS ne porte que sur la fraction de rémunération inférieure ou égale à cinquante pour cent du SMIC, contre soixante-dix-neuf pour cent auparavant. Au-delà de ce seuil, la rémunération est soumise à l'ensemble des cotisations salariales et à la CSG-CRDS. La réduction générale patronale s'applique dans les conditions de droit commun.

209. Comment se contrôle la vraisemblance des cotisations d'un bulletin ?

On vérifie que chaque assiette correspond à la nature de la cotisation, que les tranches sont correctement déterminées à partir du plafond du mois, que les taux appliqués sont ceux en vigueur à la période d'emploi, que les exonérations et allègements figurent bien et que le total des charges patronales est cohérent avec un ratio moyen de l'entreprise. Tout écart significatif doit être documenté.

210. Quels sont les principaux points de vigilance en matière de plafond ?

Il convient de vérifier la proratisation en cas d'entrée-sortie et de temps partiel, l'application correcte de la régularisation progressive, la neutralisation du plafond pour les absences non rémunérées, le traitement des salariés multi-employeurs et le rattachement des primes à la bonne période. Une erreur sur le plafond affecte simultanément les cotisations plafonnées, les tranches Agirc-Arrco et le calcul des seuils d'exonération.

Chapitre 7 — Statuts particuliers et dispositifs d'exonération

211. Quel est le statut social du dirigeant salarié d'une société anonyme ?

Le président du conseil d'administration et le directeur général d'une société anonyme sont assimilés salariés. Ils relèvent du régime général de sécurité sociale pour leur rémunération de mandat, mais ne cotisent pas à l'assurance chômage sauf cumul avec un contrat de travail effectif distinct. Ils bénéficient de la retraite complémentaire Agirc-Arrco et d'un bulletin de paie établi selon les règles ordinaires.

212. Quel est le statut social du gérant majoritaire de SARL ?

Le gérant majoritaire, ou appartenant à un collège de gérance majoritaire, relève du régime des travailleurs indépendants. Sa rémunération n'est pas soumise aux cotisations du régime général et ne donne pas lieu à bulletin de paie au sens du code du travail. Ses cotisations sont appelées par l'URSSAF sur la base des revenus déclarés, avec un mécanisme d'acomptes et de régularisation annuelle.

213. Quel est le statut du président de SAS ?

Le président de société par actions simplifiée est assimilé salarié dès lors qu'il perçoit une rémunération au titre de son mandat, quel que soit son pourcentage de participation au capital. Il relève du régime général et de l'Agirc-Arrco, mais est exclu de l'assurance chômage et de la cotisation AGS. Un bulletin de paie doit être établi pour matérialiser sa rémunération et ses cotisations.

214. Quelles sont les particularités de la gratification de stage ?

La gratification est obligatoire lorsque la durée du stage excède deux mois, consécutifs ou non, au cours de la même année d'enseignement. Son montant minimal est égal à quinze pour cent du plafond horaire de la sécurité sociale, soit environ quatre euros cinquante de l'heure en 2026. Elle est exonérée de cotisations et de CSG-CRDS dans cette limite, la fraction excédentaire étant assujettie.

215. Le stagiaire figure-t-il sur le registre unique du personnel ?

Le stagiaire n'est pas un salarié, mais il doit être inscrit dans une partie spécifique du registre unique du personnel, avec ses nom et prénoms, les dates de début et de fin de stage, le nom et l'adresse de l'établissement d'enseignement et le nom du tuteur. Le stage est également déclaré en DSN avec des codes spécifiques.

216. Quel est le régime social des salariés à employeurs multiples ?

Chaque employeur applique le plafond de sécurité sociale correspondant à la durée du travail chez lui. Une régularisation annuelle interemployeurs permet au salarié de demander le remboursement de la fraction de cotisations plafonnées versée en excès lorsque le cumul des rémunérations dépasse le plafond. Cette demande est adressée à l'URSSAF avec les justificatifs de tous les employeurs concernés.

217. Quelles sont les particularités du portage salarial ?

Le salarié porté est lié par un contrat de travail à l'entreprise de portage, qui établit son bulletin de paie et acquitte les cotisations. Il négocie lui-même ses prestations auprès des entreprises clientes. Sa rémunération minimale est fixée par accord de branche en pourcentage du plafond mensuel de la sécurité sociale, et son bulletin doit détailler le compte d'activité et les frais de gestion.

218. Quel est le régime des salariés du particulier employeur ?

Les particuliers employeurs utilisent le chèque emploi service universel ou Pajemploi, qui déclarent les rémunérations et calculent les cotisations. Ils ne bénéficient pas de la réduction générale mais d'une déduction forfaitaire de cotisations patronales par heure travaillée. La convention collective nationale des particuliers employeurs et de l'emploi à domicile fixe les classifications, minima et modalités de rupture.

219. Quel est le régime social des artistes du spectacle ?

Les artistes bénéficient d'une présomption légale de salariat. Les employeurs occasionnels utilisent le guichet unique du spectacle occasionnel. Des taux réduits de cotisations s'appliquent, ainsi qu'une assiette forfaitaire dans certains cas. Les intermittents relèvent des annexes VIII et X de l'assurance chômage, avec une contribution spécifique et un régime de congés payés géré par une caisse dédiée.

220. Comment fonctionne la caisse de congés payés du bâtiment ?

Dans le bâtiment et les travaux publics, les congés payés sont gérés par une caisse à laquelle l'employeur verse une cotisation calculée sur les salaires. C'est la caisse qui verse l'indemnité de congés au salarié et qui acquitte les cotisations correspondantes. L'employeur ne fait donc pas apparaître d'indemnité de congés payés sur le bulletin, ce qui modifie le calcul du net et des assiettes.

221. Quelles sont les spécificités du régime agricole ?

Les salariés agricoles relèvent de la Mutualité sociale agricole, guichet unique pour la santé, la famille, la retraite et le recouvrement. Les taux de cotisations sont proches de ceux du régime général mais des dispositifs propres existent, notamment l'exonération pour l'emploi de travailleurs occasionnels demandeurs d'emploi. La DSN est adressée à la MSA et non à l'URSSAF.

222. Qu'est-ce que le dispositif d'exonération travailleurs occasionnels demandeurs d'emploi ?

Le dispositif TO-DE s'applique aux contrats à durée déterminée saisonniers du secteur agricole. Il ouvre droit à une exonération totale des cotisations patronales de sécurité sociale, de chômage et de retraite complémentaire jusqu'à un virgule vingt-cinq SMIC, puis dégressive jusqu'à un virgule six SMIC. Il est plus favorable que la réduction générale pour les rémunérations proches du SMIC.

223. Quelles sont les exonérations applicables outre-mer ?

Le dispositif LODEOM prévoit trois barèmes d'exonération de cotisations patronales, dits de compétitivité, de compétitivité renforcée et d'innovation et croissance, selon le secteur d'activité et la taille de l'entreprise. Ces barèmes comportent une zone d'exonération totale, un palier de maintien puis une dégressivité. Ils sont exclusifs de la réduction générale sur les mêmes cotisations.

224. Qu'est-ce que le statut de jeune entreprise innovante ?

La jeune entreprise innovante bénéficie d'une exonération de cotisations patronales de sécurité sociale pour les personnels participant à la recherche, dans la limite d'un plafond de rémunération mensuelle par salarié et d'un plafond annuel par établissement. Elle suppose une création récente, un niveau minimal de dépenses de recherche et une détention du capital répondant à des conditions strictes.

225. Quelles exonérations existent en zones géographiques prioritaires ?

Des exonérations de cotisations patronales subsistent dans les bassins d'emploi à redynamiser, les zones de restructuration de la défense et les zones franches d'activité outre-mer. Les zones franches urbaines et les zones de revitalisation rurale ont vu leurs dispositifs progressivement réformés au profit du zonage France ruralités revitalisation. Ces exonérations sont subordonnées à des conditions d'implantation et d'embauche locale.

226. Quel est le régime social des indemnités versées aux élus du CSE ?

Les heures de délégation sont rémunérées comme du temps de travail effectif et soumises à cotisations. Les remboursements de frais de déplacement engagés dans le cadre du mandat sont exclus de l'assiette sur justificatifs. En revanche, une indemnité forfaitaire versée en contrepartie de l'exercice du mandat serait requalifiée en élément de rémunération intégralement assujetti.

227. Quel est le régime des sommes versées par le CSE aux salariés

Les prestations financées par le budget des activités sociales et culturelles échappent aux cotisations lorsqu'elles ne sont pas la contrepartie du travail et bénéficient à l'ensemble du personnel selon des critères non discriminatoires. Les secours exceptionnels attribués en considération de situations individuelles particulièrement dignes d'intérêt sont également exonérés, sous réserve de leur caractère non systématique et de leur justification.

228. Quelles règles s'appliquent au bulletin d'un salarié détaché à l'étranger ?

Le salarié détaché reste affilié au régime français de sécurité sociale pendant la durée du détachement, dans les limites fixées par les règlements européens ou les conventions bilatérales. Son bulletin est établi selon les règles françaises. Au-delà des durées autorisées, ou en l'absence de convention, il devient expatrié et relève du régime local, éventuellement complété par une adhésion volontaire à la Caisse des Français de l'étranger.

229. Quel est le régime fiscal des salariés impatriés ?

Le régime des impatriés permet d'exonérer d'impôt sur le revenu la prime d'impatriation et une fraction de la rémunération correspondant à l'activité exercée à l'étranger, pendant huit ans. Il est réservé aux personnes appelées de l'étranger à occuper un emploi en France et n'ayant pas été fiscalement domiciliées en France durant les cinq années précédentes. Les cotisations sociales restent dues normalement.

230. Comment traite-t-on le salarié frontalier ?

Le principe est l'affiliation au régime de sécurité sociale de l'État d'exercice de l'activité, l'imposition étant régie par la convention fiscale bilatérale applicable. Des accords particuliers existent, notamment avec la Suisse, permettant un droit d'option pour l'assurance maladie. La détermination du bon régime conditionne les cotisations à appliquer et le traitement du prélèvement à la source.

231. Quelles sont les obligations de l'employeur étranger sans établissement en France ?

Un employeur établi hors de France qui emploie un salarié affilié au régime français doit s'immatriculer auprès de l'URSSAF du Bas-Rhin, service dédié aux firmes étrangères. Il peut désigner un représentant fiscal et social résidant en France, ou confier au salarié lui-même le soin de déclarer et payer les cotisations dans le cadre d'un accord écrit.

232. Qu'est-ce que le titre de travail simplifié et où s'applique-t-il ?

Le titre de travail simplifié est un dispositif propre aux départements et collectivités d'outre-mer, réservé aux entreprises de moins de onze salariés. Il permet de simplifier les formalités d'embauche, l'établissement du bulletin et le calcul des cotisations, calculées sur une base forfaitaire ou réelle selon les cas. Il est géré par la caisse générale de sécurité sociale territorialement compétente.

233. Quel est le régime social des mandataires sociaux non rémunérés ?

En l'absence de rémunération, aucune cotisation n'est due au titre du mandat et aucun bulletin n'est établi. Le dirigeant assimilé salarié ne bénéficie alors d'aucune protection sociale au titre de son mandat et ne valide aucun trimestre de retraite. Cette situation doit être documentée par une décision de l'organe compétent afin d'éviter toute requalification lors d'un contrôle.

234. Quelles sont les particularités de la paie dans le secteur du spectacle vivant ?

Les employeurs occasionnels utilisent le guichet unique du spectacle occasionnel, qui centralise les déclarations auprès d'une dizaine d'organismes. Les employeurs permanents recourent à la DSN classique. Des congés spectacles gérés par une caisse spécifique, des taux réduits de cotisations et une assiette parfois forfaitaire caractérisent ce secteur, où la multiplicité des contrats courts impose une vigilance déclarative particulière.

235. Quelles sont les spécificités des cotisations des VRP multicartes

Les voyageurs, représentants et placiers exerçant pour plusieurs employeurs relèvent d'une caisse dédiée qui centralise les cotisations, la CCVRP. Chaque employeur déclare la rémunération versée et la caisse assure la répartition et le calcul du plafond global. Le statut est encadré par un accord national interprofessionnel qui fixe notamment une ressource minimale forfaitaire trimestrielle.

236. Quel est le régime des journalistes professionnels ?

Les journalistes bénéficiaient d'un abattement pour frais professionnels de trente pour cent, dont la suppression progressive est achevée pour les cotisations de sécurité sociale mais qui subsiste sous forme d'allocation pour frais d'emploi exonérée d'impôt dans la limite de sept mille six cent cinquante euros par an. Ils relèvent d'une convention collective spécifique prévoyant notamment une indemnité de licenciement particulière.

237. Qu'est-ce que la déduction forfaitaire spécifique pour frais professionnels ?

Certaines professions, notamment dans le bâtiment, le transport et la propreté, peuvent appliquer un abattement forfaitaire sur l'assiette des cotisations, de cinq à trente pour cent selon la profession, dans la limite de sept mille six cent cinquante euros par an. Son application requiert l'accord du salarié ou une décision consultative des représentants du personnel, et fait l'objet d'une réduction progressive programmée.

238. Comment se cumule la déduction forfaitaire spécifique avec les remboursements de frais ?

Lorsque l'employeur applique la déduction forfaitaire spécifique, l'assiette des cotisations doit d'abord être reconstituée en réintégrant l'ensemble des remboursements de frais professionnels versés au salarié, avant application de l'abattement. Cette règle de réintégration préalable est fréquemment omise et constitue l'un des principaux motifs de redressement lors des contrôles URSSAF dans les secteurs concernés.

239. Qu'est-ce que l'assiette forfaitaire de cotisations ?

Pour certaines catégories, notamment les formateurs occasionnels, les personnes exerçant une activité accessoire dans le secteur associatif sportif ou les vendeurs à domicile indépendants, les cotisations sont calculées sur une base forfaitaire fixée par arrêté, indépendante de la rémunération réelle. Ce mécanisme simplifie la gestion mais limite les droits acquis par les intéressés.

240. Quelles sont les règles applicables aux arbitres et juges sportifs

Les sommes perçues par les arbitres et juges sportifs sont exonérées de cotisations et de CSG-CRDS lorsqu'elles n'excèdent pas, pour une année civile, un montant égal à cent cinquante pour cent du plafond mensuel de la sécurité sociale. Au-delà de ce seuil, l'ensemble des sommes perçues devient assujetti dans les conditions de droit commun.

241. Quel est le régime de la franchise de cotisations pour les associations sportives ?

Les associations sportives à but non lucratif peuvent bénéficier d'une assiette forfaitaire pour les rémunérations versées à leurs sportifs et encadrants, lorsque celles-ci n'excèdent pas cent quinze pour cent du plafond horaire par manifestation. Ce régime, dérogatoire, suppose une activité accessoire et ne peut être appliqué aux salariés permanents de la structure.

242. Comment traiter la rémunération d'un salarié en cumul emploi-retraite ?

Le retraité qui reprend une activité salariée est soumis à l'ensemble des cotisations, y compris vieillesse. Depuis la réforme des retraites de 2023, le cumul intégral permet, sous conditions, d'acquérir de nouveaux droits à retraite de base dans la limite d'une seconde pension plafonnée. Les cotisations chômage restent dues mais n'ouvrent pas de droits une fois la retraite à taux plein liquidée.

243. Quelles sont les règles applicables à la retraite progressive ?

Le salarié peut, sous conditions d'âge et de durée d'assurance, réduire son activité tout en percevant une fraction de sa pension. Son employeur ne peut refuser qu'en justifiant de l'incompatibilité avec l'activité de l'entreprise. En paie, il convient de proratiser le plafond, d'ajuster la rémunération et, éventuellement, de maintenir les cotisations retraite sur la base d'un temps plein par accord des parties.

244. Qu'est-ce que la surcotisation retraite d'un salarié à temps partiel ?

Employeur et salarié peuvent convenir, par accord écrit, de calculer les cotisations d'assurance vieillesse et de retraite complémentaire sur la base d'une rémunération reconstituée à temps plein. Cette surcotisation, dont la charge peut être supportée en tout ou partie par l'employeur, permet au salarié de préserver ses droits à retraite malgré la réduction de son activité.

245. Comment vérifier l'éligibilité d'une entreprise à un dispositif d'exonération ?

Il faut contrôler la nature juridique de l'employeur, son effectif au sens de la sécurité sociale, son secteur d'activité et son implantation géographique, l'existence d'une convention collective particulière, la situation individuelle du salarié et l'absence de cumul interdit avec un autre dispositif. Toute application doit être documentée par une note de paramétrage et sécurisée, si nécessaire, par un rescrit social.

Chapitre 8 — Du brut au net : CSG, net imposable, net social et prélèvement à la source

246. Comment passe-t-on du salaire brut au salaire net à payer ?

On retranche du brut les cotisations et contributions salariales, on ajoute puis retranche les avantages en nature, on déduit les acomptes, saisies et oppositions, on ajoute les remboursements de frais professionnels non soumis, puis on retranche le prélèvement à la source. Le résultat constitue le net à payer avant impôt, puis le net payé au salarié.

247. Qu'est-ce que le net imposable et comment se calcule-t-il ?

Le net imposable correspond au net à payer avant impôt majoré de la CSG non déductible de deux virgule quatre pour cent, de la CRDS de zéro virgule cinq pour cent, de la part patronale de la complémentaire santé et, le cas échéant, des cotisations excédant les limites d'exonération. Il constitue la base déclarée à l'administration fiscale et préremplie sur la déclaration de revenus.

248. Pourquoi le net imposable est-il supérieur au net à payer ?

Parce que certaines cotisations prélevées sur le salaire ne sont pas déductibles du revenu imposable : la CSG non déductible, la CRDS et la contribution patronale à la complémentaire santé. Ces sommes, bien que non perçues par le salarié, sont réintégrées dans la base imposable. La différence peut également résulter de la réintégration de la fraction excédentaire des cotisations de prévoyance ou de retraite supplémentaire.

249. Qu'est-ce que le montant net social ?

Le montant net social est une ligne obligatoire du bulletin de paie depuis le 1er juillet 2023. Il correspond au total des rémunérations et revenus de remplacement diminué des cotisations et contributions sociales obligatoires. Il sert de référence unique pour le calcul des prestations sociales, notamment le revenu de solidarité active et la prime d'activité, et est déclaré en DSN depuis 2024.

250. Quelles sommes sont exclues du montant net social ?

Sont exclus les remboursements de frais professionnels, la part patronale des titres-restaurant et des transports, les indemnités journalières de sécurité sociale versées directement par la caisse, les sommes issues de l'épargne salariale placées et bloquées, ainsi que les avantages du comité social et économique. Les avantages en nature et les primes soumises à cotisations, en revanche, y sont intégrés.

251. Comment fonctionne le prélèvement à la source de l'impôt sur le revenu ?

L'employeur applique au net imposable un taux transmis par l'administration fiscale via le compte rendu métier de la DSN, retient l'impôt correspondant sur le net à payer et le reverse à la direction générale des finances publiques. Il n'est qu'un collecteur : le calcul de l'impôt définitif et la régularisation demeurent effectués par l'administration à partir de la déclaration annuelle.

252. Quels sont les différents taux de prélèvement à la source ?

Il existe le taux personnalisé du foyer, calculé par l'administration, le taux individualisé permettant à chaque conjoint d'être prélevé selon ses revenus propres, et le taux neutre issu d'une grille légale appliqué en l'absence de taux transmis ou sur demande du salarié. Depuis 2025, le taux individualisé est devenu le régime par défaut pour les couples soumis à imposition commune.

253. Que faire lorsque l'administration ne transmet aucun taux ?

L'employeur applique le taux non personnalisé issu de la grille légale, dite grille de taux par défaut, en fonction du montant du net imposable et de la zone géographique, la métropole et les départements d'outre-mer disposant de barèmes distincts. Ce taux est également appliqué lors de la première paie d'un salarié nouvellement embauché, dans l'attente du retour du compte rendu métier.

254. Quelle est la durée de validité d'un taux de prélèvement à la source ?

Le taux transmis par l'administration est valable pour une durée limitée, généralement deux mois à compter de sa mise à disposition. Passé ce délai sans nouvelle transmission, l'employeur applique le taux par défaut. Cette règle impose une intégration mensuelle rigoureuse des comptes rendus métier dans le logiciel de paie afin d'éviter des retenues erronées.

255. Quelles sanctions encourt l'employeur en matière de prélèvement à la source ?

Le défaut de retenue ou l'insuffisance de versement expose à une amende de cinq pour cent des sommes non retenues, avec un minimum annuel. La divulgation du taux personnalisé d'un salarié constitue une violation du secret professionnel sanctionnée pénalement. Le retard de déclaration ou de paiement donne lieu à une majoration de cinq pour cent et à un intérêt de retard.

256. Comment traiter le prélèvement à la source sur les indemnités journalières subrogées ?

Lorsque l'employeur pratique la subrogation, il verse au salarié des indemnités journalières qui restent des revenus de remplacement. Il applique le prélèvement à la source sur ces sommes pour les trente premiers jours d'arrêt en cas de maladie, la caisse prenant le relais au-delà. Cette règle particulière est une source fréquente d'erreurs et doit être paramétrée avec soin.

257. Quel est le régime du prélèvement à la source sur les indemnités de rupture ?

La fraction imposable des indemnités de rupture est soumise au prélèvement à la source au taux du salarié. Le salarié peut demander l'application du système du quotient lors de sa déclaration de revenus afin d'atténuer la progressivité de l'impôt. L'employeur n'a pas à opérer cette atténuation lui-même : il applique simplement le taux en vigueur sur la totalité de la base imposable.

258. Comment sont traitées les heures supplémentaires exonérées au regard du PAS ?

La rémunération des heures supplémentaires et complémentaires exonérée d'impôt dans la limite annuelle de sept mille cinq cents euros nets imposables n'entre pas dans la base du prélèvement à la source. Elle doit toutefois être déclarée en DSN dans une rubrique spécifique, car elle est prise en compte pour le calcul du revenu fiscal de référence du foyer.

259. Qu'est-ce que la CSG déductible et quel est son intérêt ?

Sur les six virgule huit points de CSG déductibles, la fraction correspondante est retranchée du revenu imposable, ce qui réduit l'assiette de l'impôt sur le revenu. Les deux virgule quatre points restants sont non déductibles et doivent être réintégrés dans le net imposable. Cette ventilation doit apparaître distinctement sur le bulletin de paie pour permettre le contrôle du calcul.

260. Comment se calcule la CSG sur un salaire comportant des avantages en nature ?

L'assiette de la CSG comprend le montant de l'avantage en nature, intégré au brut. L'abattement d'assiette de un virgule soixante-quinze pour cent s'applique à cette assiette dans la limite de quatre plafonds annuels. L'avantage est ensuite déduit du net à payer puisqu'il a déjà été fourni en nature, mais il demeure dans la base imposable et dans le montant net social.

261. Quel est l'impact des cotisations de prévoyance sur le net imposable ?

La part salariale des cotisations de prévoyance et de retraite complémentaire est déductible du revenu imposable dans les limites fiscales. La part patronale de prévoyance est exonérée de cotisations dans les limites sociales mais réintégrée dans le net imposable pour la complémentaire santé. Le dépassement des limites entraîne une double réintégration, sociale et fiscale, qu'il faut identifier distinctement.

262. Comment traiter une régularisation de CSG en fin d'année ?

L'abattement d'assiette de la CSG étant plafonné à quatre plafonds annuels, une régularisation s'impose lorsque la rémunération cumulée franchit ce seuil. Elle s'opère par le mécanisme de la régularisation progressive, mois après mois. Une régularisation en fin d'exercice peut également résulter de la réintégration des contributions patronales excédentaires de prévoyance et de retraite supplémentaire.

263. Quels sont les principaux points de contrôle du passage brut-net ?

On vérifie la cohérence entre le brut et les assiettes, l'exactitude des taux salariaux, la ventilation entre CSG déductible et non déductible, la présence du montant net social, la conformité du net imposable, l'application correcte du taux de prélèvement à la source, la prise en compte des acomptes et saisies et l'exactitude arithmétique du net à payer.

264. Comment expliquer à un salarié l'écart entre son net et son net imposable ?

On explique que certaines contributions prélevées, la CSG non déductible et la CRDS, ainsi que la part patronale de la mutuelle, ne réduisent pas le revenu imposable. Elles sont donc réintégrées dans la base fiscale bien que le salarié ne les perçoive pas. Cette pédagogie évite les réclamations récurrentes au moment de la déclaration de revenus.

265. Comment se calcule le coût total employeur d'un salarié ?

Le coût employeur est égal au salaire brut augmenté des cotisations et contributions patronales, diminué des allègements tels que la réduction générale dégressive unique, et augmenté des charges annexes non assises sur le salaire brut comme les titres-restaurant, la médecine du travail, les frais de déplacement ou les taxes assises sur la masse salariale.

Chapitre 9 — Le bulletin de paie : forme, mentions et contrôle

266. Quelles sont les mentions obligatoires du bulletin de paie ?

Le bulletin comporte l'identité et l'adresse de l'employeur, son numéro SIRET et son code APE, l'intitulé de la convention collective et son IDCC, l'identité du salarié, son emploi, sa position dans la classification, la période et le nombre d'heures de travail, la nature et le montant des accessoires de salaire, le détail des cotisations, le net à payer, le net imposable et le montant net social.

267. Quelles mentions sont interdites sur le bulletin de paie ?

Il est interdit de faire figurer l'exercice du droit de grève ou l'activité de représentation du personnel. Les heures de délégation doivent apparaître sur une fiche annexe. Une retenue pour fait de grève ne peut être libellée comme telle : elle est mentionnée par une formulation neutre telle qu'absence non rémunérée, avec le nombre d'heures correspondant.

268. Quelle est la portée juridique de l'acceptation d'un bulletin de paie ?

L'acceptation sans protestation ni réserve d'un bulletin de paie ne vaut pas renonciation au paiement de tout ou partie du salaire et des accessoires. Cette règle, posée à l'article L. 3243-3 du code du travail, permet au salarié de réclamer un rappel de salaire dans le délai de prescription de trois ans, même s'il a encaissé les sommes sans réagir.

269. Quelles sanctions s'attachent au défaut de remise du bulletin de paie ?

L'absence de remise ou l'omission de mentions obligatoires est sanctionnée par une amende contraventionnelle de troisième classe, soit quatre cent cinquante euros au plus, appliquée autant de fois qu'il y a de salariés concernés. Le salarié peut en outre obtenir des dommages-intérêts s'il justifie d'un préjudice, notamment en cas d'impossibilité de faire valoir ses droits.

270. Où en est la réforme du bulletin de paie clarifié ?

Le modèle dit clarifié, qui regroupe les cotisations par nature de risque et fait apparaître de nouvelles lignes explicatives, devait entrer en vigueur au 1er janvier 2026. Son caractère obligatoire a été reporté au 1er janvier 2027. Les employeurs peuvent l'appliquer par anticipation, ce qui est recommandé pour lisser la charge de paramétrage et l'accompagnement des salariés.

271. Quelles sont les rubriques structurantes du bulletin simplifié ?

Le bulletin regroupe les cotisations par risque : santé, accidents du travail et maladies professionnelles, retraite, famille, assurance chômage, autres contributions dues par l'employeur, CSG et CRDS. Il fait apparaître distinctement le total des cotisations patronales, le montant des allègements, le net social, le net imposable, le net à payer avant impôt, le montant du prélèvement à la source et le net payé.

272. Pourquoi le bulletin doit-il mentionner le total des allègements

La mention du montant total des exonérations et allègements de cotisations dont bénéficie l'employeur poursuit un objectif de transparence sur le coût réel du travail et sur l'effort de la collectivité. Elle facilite également le contrôle interne de la bonne application de la réduction générale dégressive unique et des autres dispositifs, notamment lors des rapprochements avec la DSN.

273. Quelles informations doivent figurer sur le bulletin en matière de congés payés ?

Le bulletin ou une annexe doit mentionner les dates de congés payés comprises dans la période de paie et le montant de l'indemnité correspondante. En pratique, un compteur indiquant les droits acquis, les droits pris et le solde par période de référence est vivement recommandé : il constitue le premier élément de preuve en cas de litige sur les congés.

274. Comment le bulletin doit-il présenter les heures supplémentaires ?

Chaque taux de majoration donne lieu à une ligne distincte indiquant le nombre d'heures, le taux horaire majoré et le montant. Le bulletin doit également faire apparaître le montant de la réduction de cotisations salariales et, le cas échéant, le cumul annuel de la rémunération exonérée d'impôt afin de permettre le suivi du plafond de sept mille cinq cents euros.

275. Quelles sont les règles applicables au bulletin de paie électronique ?

L'employeur informe le salarié un mois avant la première émission dématérialisée de son droit d'opposition, qu'il peut exercer à tout moment. Il garantit la disponibilité des bulletins pendant cinquante ans ou jusqu'aux soixante-quinze ans du salarié, l'intégrité et la confidentialité des documents et leur accessibilité via le service associé au compte personnel d'activité, y compris après la rupture du contrat.

276. Que doit contenir le bulletin d'un salarié en forfait jours ?

Il mentionne la nature et le volume du forfait, soit le nombre de jours travaillés sur la période, en lieu et place du nombre d'heures. Il indique également les jours de repos acquis et pris. L'absence de mention du forfait ou l'indication d'un horaire mensuel constitue une incohérence de nature à fragiliser la convention en cas de contentieux.

277. Comment présenter une retenue pour absence sur le bulletin ?

La retenue doit apparaître sur une ligne distincte indiquant le nombre d'heures ou de jours d'absence, le taux appliqué et le montant retenu, avec un libellé neutre précisant la nature de l'absence lorsque cela est licite. Le maintien de salaire éventuel figure sur une ligne séparée, ce qui permet de vérifier la bonne application des règles conventionnelles.

278. Quelles sont les règles d'arrondi applicables en paie ?

Les cotisations sont arrondies à l'euro le plus proche, la fraction d'euro égale à cinquante centimes étant comptée pour un euro. Le prélèvement à la source est également arrondi à l'euro le plus proche. Les assiettes et le net à payer sont exprimés en euros et centimes. L'arrondi s'applique cotisation par cotisation, et non sur le total des charges.

279. Comment rectifier une erreur constatée sur un bulletin déjà remis ?

La régularisation s'effectue sur le bulletin suivant, par une ligne explicite de rappel ou de retenue mentionnant la période concernée. Un bulletin rectificatif peut également être émis lorsque l'erreur affecte des mentions substantielles. Dans tous les cas, la DSN doit être corrigée, soit par la déclaration suivante, soit par une DSN annule et remplace si le délai le permet.

280. Comment récupérer un trop-perçu de salaire ?

L'employeur dispose de trois ans pour agir en répétition de l'indu. La récupération sur les salaires à venir est limitée à la fraction saisissable, soit au maximum un dixième de la rémunération, sauf accord du salarié pour un remboursement plus rapide. Une information écrite préalable détaillant l'origine, le montant et les modalités de la retenue est indispensable.

281. Qu'est-ce que le journal de paie et comment l'utiliser ?

Le journal de paie récapitule, pour un mois donné, l'ensemble des rubriques utilisées avec leurs bases, taux et montants, par salarié et en cumul. Il constitue l'outil central du contrôle : il permet de repérer les rubriques inhabituelles, de vérifier les totaux d'assiettes avant transmission de la DSN et de justifier les écritures comptables lors des rapprochements de fin de mois.

282. Qu'est-ce qu'un état de rapprochement paie-comptabilité ?

Il consiste à comparer les totaux du journal de paie avec les soldes des comptes de charges de personnel et de dettes sociales. Tout écart doit être expliqué : provision, décalage de règlement, écriture manuelle, régularisation. Ce rapprochement mensuel est la meilleure garantie contre les erreurs cumulatives qui se révèlent tardivement lors de la clôture annuelle ou d'un contrôle.

283. Quels contrôles de cohérence effectuer avant validation de la paie ?

On compare la masse salariale du mois avec celle du mois précédent, on analyse les variations individuelles supérieures à un seuil défini, on vérifie les entrées et sorties, les salariés absents du fichier, les nets négatifs ou anormalement élevés, les taux de charges par salarié et l'exhaustivité des bulletins. Ces contrôles doivent être formalisés dans une procédure écrite et tracés.

284. Comment vérifier un bulletin de paie remis par un tiers ?

On contrôle successivement l'identité des parties et les mentions obligatoires, la conformité du salaire de base au contrat et à la grille conventionnelle, la valorisation des heures et absences, l'exactitude des assiettes et des taux, la présence des allègements, le calcul du net imposable et du net social, l'application du prélèvement à la source et la cohérence du net à payer.

285. Quelle est la valeur probatoire du bulletin de paie ?

Le bulletin fait présumer le paiement du salaire mais cette présomption est simple : le salarié peut prouver le contraire, et l'employeur doit être en mesure de justifier du versement effectif, notamment par les relevés bancaires. À l'inverse, le bulletin constitue un élément de preuve du montant convenu de la rémunération et des conditions d'emploi.

286. Quelles sont les obligations d'information annexes au bulletin ?

L'employeur joint une notice rappelant au salarié qu'il doit conserver son bulletin sans limitation de durée. Il informe également sur la mise à disposition du bulletin dématérialisé, sur le compteur de congés et de repos, sur le montant net social et son usage pour les prestations sociales, et sur les modalités d'accès au service de conservation en cas de dématérialisation.

287. Comment gérer un salarié qui conteste son bulletin de paie ?

On accuse réception de la réclamation, on identifie précisément le poste contesté, on reconstitue le calcul avec les textes applicables, on répond par écrit en explicitant la méthode et, en cas d'erreur avérée, on régularise sur la paie suivante avec un rappel daté. Cette traçabilité prévient l'escalade prud'homale et documente la bonne foi de l'employeur.

288. Quelle méthode adopter pour auditer une paie reprise d'un autre prestataire ?

On récupère les contrats, la convention collective, les accords collectifs, les douze derniers journaux de paie, les DSN et les comptes rendus métier, le paramétrage des rubriques et les cumuls. On vérifie les cumuls d'assiettes, les compteurs de congés et de repos, les compteurs de plafond et de CSG, ainsi que les taux de prélèvement à la source, avant de valider une bascule.

289. Quels indicateurs de qualité suivre en paie ?

On suit le taux de bulletins rectifiés, le nombre d'anomalies DSN par déclaration, le délai de traitement des réclamations, le taux de régularisations rétroactives, le respect des échéances déclaratives, le montant des majorations de retard et le nombre de redressements constatés lors des contrôles. Ces indicateurs alimentent une démarche d'amélioration continue du processus paie.

PARTIE III — VALORISER EN PAIE LES ÉVÉNEMENTS DE LA VIE PROFESSIONNELLE

Chapitre 10 — Les congés payés

290. Quelle est la règle légale d'acquisition des congés payés ?

Le salarié acquiert deux jours et demi ouvrables de congé par mois de travail effectif chez le même employeur, soit trente jours ouvrables ou cinq semaines pour une année complète. La durée totale ne peut excéder trente jours ouvrables. Cette acquisition ne dépend ni de l'ancienneté ni de la nature du contrat : elle bénéficie à tout salarié dès l'embauche.

291. Quelle est la période de référence des congés payés ?

La période de référence court du 1er juin de l'année précédente au 31 mai de l'année en cours, sauf accord d'entreprise ou de branche fixant une autre période, souvent alignée sur l'année civile. Lorsque l'annualisation du temps de travail est mise en place, la période de référence peut être celle de l'année civile sans accord préalable.

292. Quelle différence existe entre jours ouvrables et jours ouvrés ?

Les jours ouvrables sont tous les jours de la semaine à l'exception du jour de repos hebdomadaire et des jours fériés chômés, soit six jours par semaine. Les jours ouvrés correspondent aux jours effectivement travaillés dans l'entreprise, généralement cinq. Cinq semaines représentent trente jours ouvrables ou vingt-cinq jours ouvrés, le décompte en jours ouvrés ne devant jamais être moins favorable.

293. Comment s'effectue le décompte des congés en jours ouvrables

Le premier jour de congé décompté est le premier jour ouvrable qui aurait dû être travaillé. Le décompte se poursuit ensuite sur tous les jours ouvrables inclus dans la période d'absence, y compris ceux habituellement non travaillés comme le samedi pour un salarié travaillant du lundi au vendredi. Un jour férié chômé compris dans la période n'est pas décompté.

294. Quelles périodes sont assimilées à du travail effectif pour l'acquisition des congés ?

Sont notamment assimilés les congés payés eux-mêmes, les congés de maternité, de paternité et d'adoption, les périodes d'arrêt pour accident du travail ou maladie professionnelle, les périodes d'activité partielle, les congés de formation, les heures de délégation, les périodes de rappel sous les drapeaux et, depuis la loi du 22 avril 2024, les arrêts pour maladie non professionnelle dans une limite spécifique.

295. Qu'a changé la loi du 22 avril 2024 en matière de congés payés

La loi n° 2024-364 du 22 avril 2024 a mis le droit français en conformité avec le droit de l'Union européenne en prévoyant l'acquisition de congés payés pendant les arrêts de travail pour maladie non professionnelle. Elle a également supprimé la limite d'un an pour l'assimilation des arrêts pour accident du travail et instauré une obligation d'information de l'employeur au retour du salarié.

296. Combien de jours acquiert un salarié en arrêt maladie non professionnelle ?

Il acquiert deux jours ouvrables par mois d'arrêt, dans la limite de vingt-quatre jours ouvrables par période de référence, soit quatre semaines et non cinq. Cette acquisition réduite se cumule avec les jours acquis au titre des périodes travaillées, sans que le total puisse excéder trente jours ouvrables pour l'ensemble de la période de référence.

297. Combien de jours acquiert un salarié en arrêt pour accident du travail ?

Il acquiert deux jours et demi ouvrables par mois, comme s'il avait travaillé, et ce pendant toute la durée de l'arrêt. La limite d'un an antérieurement applicable a été supprimée par la loi du 22 avril 2024. Cette assimilation vaut également pour les maladies professionnelles reconnues et pour les rechutes rattachées à l'accident initial.

298. Qu'est-ce que la période de report de quinze mois ?

Le salarié qui n'a pas pu prendre ses congés en raison d'un arrêt de travail bénéficie d'une période de report de quinze mois. Ce délai court à compter de la date à laquelle l'employeur informe le salarié de ses droits après la reprise, ou, pour les arrêts de longue durée d'au moins un an, à compter de la fin de la période d'acquisition.

299. Quelle obligation d'information pèse sur l'employeur au retour d'un arrêt ?

Dans le mois suivant la reprise du travail, l'employeur informe le salarié, par tout moyen conférant date certaine, du nombre de jours de congé dont il dispose et de la date jusqu'à laquelle ils peuvent être pris. Cette information peut être délivrée par le bulletin de paie. À défaut, la période de report ne commence pas à courir.

300. Quel délai de forclusion s'applique aux rappels de congés au titre des arrêts passés ?

Pour les salariés dont le contrat était en cours au 24 avril 2024, l'action en réclamation des jours acquis au titre des arrêts survenus depuis le 1er décembre 2009 devait être engagée dans un délai de deux ans à compter de l'entrée en vigueur de la loi, soit avant le 24 avril 2026. Pour les salariés déjà sortis, la prescription triennale de droit commun s'applique.

301. Quelle est la période de prise des congés ?

La période de prise du congé principal comprend obligatoirement la période du 1er mai au 31 octobre. Elle est fixée par accord collectif ou, à défaut, par l'employeur après avis du comité social et économique, et portée à la connaissance des salariés au moins deux mois avant son ouverture. L'ordre des départs est communiqué au moins un mois avant le départ.

302. Quelles sont les règles de fractionnement du congé principal ?

Le congé principal de vingt-quatre jours ouvrables peut être fractionné avec l'accord du salarié. Une fraction d'au moins douze jours ouvrables continus doit être prise entre le 1er mai et le 31 octobre. Les jours pris en dehors de cette période ouvrent droit à des jours supplémentaires : deux jours pour six jours ou plus pris hors période, un seul jour pour trois à cinq jours.

303. Peut-on renoncer aux jours de fractionnement ?

Le salarié peut renoncer aux jours supplémentaires de fractionnement, mais cette renonciation doit être expresse et individuelle, ou résulter d'un accord collectif. Une clause type insérée dans le contrat ou une renonciation tacite ne suffisent pas. Un accord d'entreprise ou de branche peut également écarter le droit à ces jours pour l'ensemble du personnel.

304. La cinquième semaine peut-elle ouvrir droit au fractionnement

Non. Les jours supplémentaires de fractionnement ne concernent que le congé principal, c'est-à-dire les vingt-quatre premiers jours ouvrables. La cinquième semaine, correspondant aux jours vingt-cinq à trente, est exclue du calcul et doit être prise en dehors de la période du 1er mai au 31 octobre sans générer de droit supplémentaire.

305. L'employeur peut-il imposer les dates de congés ?

L'employeur fixe l'ordre et les dates de départ après consultation du comité social et économique, en tenant compte de la situation de famille, de l'ancienneté et de l'activité éventuelle chez d'autres employeurs. Il ne peut modifier les dates moins d'un mois avant le départ, sauf circonstances exceptionnelles. Il peut également imposer la fermeture de l'entreprise pendant une période déterminée.

306. Quelles sont les deux méthodes de calcul de l'indemnité de congés payés ?

La règle du dixième attribue au salarié une indemnité égale au dixième de la rémunération brute perçue au cours de la période de référence. La règle du maintien de salaire lui verse la rémunération qu'il aurait perçue s'il avait travaillé. L'employeur doit comparer les deux méthodes et retenir la plus favorable, cette comparaison devant être effectuée pour l'ensemble de la période de congés.

307. Quels éléments entrent dans l'assiette du dixième ?

Entrent dans l'assiette le salaire de base, les majorations pour heures supplémentaires, les avantages en nature, les primes constituant la contrepartie du travail telles que les primes de rendement, d'astreinte ou d'insalubrité, ainsi que l'indemnité de congés payés de la période précédente. Sont exclus les remboursements de frais, la participation, l'intéressement, les primes annuelles globales et les primes exceptionnelles.

308. Comment appliquer la méthode du maintien de salaire ?

On reconstitue la rémunération que le salarié aurait perçue s'il avait travaillé pendant la période de congé. Trois méthodes de calcul sont admises : le rapport entre le nombre de jours ouvrables de congé et le nombre de jours ouvrables du mois, le calcul en heures réelles ou le calcul en heures moyennes. La méthode retenue doit être constante et ne pas défavoriser le salarié.

309. Quelle est l'incidence des absences sur l'indemnité de congés ?

Les absences non assimilées à du travail effectif réduisent l'assiette du dixième puisqu'elles diminuent la rémunération perçue pendant la période de référence. Pour les périodes assimilées, notamment les arrêts pour accident du travail, la rémunération est reconstituée sur la base de ce que le salarié aurait perçu, afin de ne pas pénaliser son indemnisation.

310. Qu'est-ce que l'indemnité compensatrice de congés payés ?

Lorsque le contrat prend fin avant que le salarié ait pu prendre l'intégralité de ses congés, une indemnité compensatrice lui est versée. Elle se calcule selon les mêmes règles que l'indemnité de congés payés, avec comparaison entre le dixième et le maintien. Elle est due quelle que soit la cause de la rupture, y compris en cas de licenciement pour faute grave.

311. L'indemnité compensatrice est-elle due en cas de faute lourde ?

Oui. Le Conseil constitutionnel a déclaré contraire à la Constitution la disposition qui privait le salarié licencié pour faute lourde de son indemnité compensatrice de congés payés. Cette indemnité est donc désormais due quelle que soit la gravité de la faute reprochée, l'employeur conservant la possibilité d'engager une action en réparation de son préjudice.

312. Quel est le régime social de l'indemnité de congés payés ?

L'indemnité de congés payés a la nature d'un salaire. Elle est soumise à l'ensemble des cotisations sociales, à la CSG-CRDS avec abattement d'assiette, et à l'impôt sur le revenu. Elle entre dans le montant net social et dans la base du prélèvement à la source. Elle est également prise en compte pour l'acquisition de nouveaux droits à congés.

313. Comment gérer les congés d'un salarié à temps partiel ?

Le salarié à temps partiel acquiert le même nombre de jours de congé qu'un salarié à temps plein, soit deux jours et demi ouvrables par mois. Le décompte s'effectue en jours ouvrables sur l'ensemble de la période d'absence, y compris les jours non travaillés compris dans cette période, afin de garantir l'égalité de traitement avec les salariés à temps complet.

314. Que se passe-t-il si un jour férié tombe pendant les congés ?

Un jour férié chômé dans l'entreprise et compris dans la période de congés n'est pas décompté comme jour de congé : il prolonge d'autant la durée de l'absence ou restitue un jour au compteur. En revanche, un jour férié habituellement travaillé est décompté normalement. Cette règle est fréquemment source d'erreurs de compteur.

315. Que se passe-t-il si le salarié tombe malade pendant ses congés

Selon la jurisprudence de la Cour de justice de l'Union européenne, le salarié doit pouvoir bénéficier ultérieurement de ses congés. La Cour de cassation admet désormais ce report pour les congés d'origine légale. Le salarié perçoit son indemnité de congés payés et, sous conditions, les indemnités journalières, sans cumul avec le complément employeur.

316. Que se passe-t-il si le salarié tombe malade avant ses congés ?

L'arrêt de travail prime sur les congés : la période d'absence est qualifiée de maladie, et le salarié conserve son droit à congé, qu'il pourra prendre ultérieurement. Le compteur n'est donc pas décrémenté et le salarié perçoit les indemnités journalières et l'éventuel complément employeur au lieu de l'indemnité de congés payés.

317. Quelles sont les conséquences du non-respect du droit au congé par l'employeur ?

L'employeur qui n'a pas mis le salarié en mesure de prendre ses congés doit lui verser une indemnité compensatrice, sans pouvoir opposer la perte du droit. La charge de la preuve lui incombe : il doit démontrer avoir accompli les diligences nécessaires, notamment l'information sur les dates de prise et sur le solde disponible.

318. Qu'est-ce qu'un congé sans solde et quel est son traitement en paie ?

Le congé sans solde résulte d'un accord entre l'employeur et le salarié ; il n'est pas encadré par la loi. Le contrat est suspendu, la rémunération n'est pas versée et aucune cotisation n'est due, le plafond étant proratisé. La période n'est pas assimilée à du travail effectif pour l'acquisition des congés payés, sauf disposition conventionnelle contraire.

319. Quelles sont les règles du congé sabbatique ?

Le congé sabbatique est ouvert aux salariés justifiant de trente-six mois d'ancienneté dans l'entreprise et de six années d'activité professionnelle, sans avoir bénéficié récemment d'un congé similaire. Sa durée est de six à onze mois. Le contrat est suspendu sans rémunération. L'employeur peut différer le départ ou, dans les entreprises de moins de trois cents salariés, le refuser sous conditions.

320. Qu'est-ce que le congé pour création d'entreprise ?

Ce congé permet à un salarié justifiant de vingt-quatre mois d'ancienneté de créer ou reprendre une entreprise. Il peut prendre la forme d'une suspension totale du contrat pour un an renouvelable, ou d'un passage à temps partiel. La rémunération n'est pas maintenue pendant la suspension, mais le salarié conserve son droit à réintégration dans un emploi similaire.

321. Comment traiter les jours de réduction du temps de travail ?

Les jours de RTT résultent d'un accord collectif organisant la réduction du temps de travail sous forme de repos. Leur acquisition, leurs modalités de prise et leur éventuelle monétisation sont fixées par cet accord. Ils ne se confondent pas avec les congés payés : leur régime, leur période de référence et leur traitement en cas de rupture obéissent à des règles propres.

322. Les jours de RTT non pris sont-ils indemnisés à la rupture ?

En principe, les jours de repos non pris sont perdus sauf si l'accord collectif prévoit leur indemnisation ou si le salarié n'a pas pu les prendre du fait de l'employeur. Dans ce dernier cas, une indemnité compensatrice est due. Il convient donc de vérifier systématiquement les stipulations de l'accord avant d'établir un solde de tout compte.

323. Comment fonctionne la monétisation des jours de repos ?

La loi permet, sur demande du salarié et avec l'accord de l'employeur, de racheter les journées de repos acquises au titre de la réduction du temps de travail. La rémunération versée bénéficie du même régime social et fiscal que les heures supplémentaires, notamment de la réduction de cotisations salariales et de l'exonération d'impôt dans la limite annuelle applicable.

324. Quel est le régime des congés supplémentaires pour ancienneté

Les conventions collectives prévoient fréquemment des jours de congé supplémentaires liés à l'ancienneté. Ces jours s'ajoutent aux trente jours légaux et n'entrent pas dans le calcul du congé principal ni dans le mécanisme de fractionnement. Leur assiette d'indemnisation suit les mêmes règles que l'indemnité de congés payés, sauf disposition conventionnelle particulière.

325. Quelles sont les règles des congés supplémentaires pour enfants à charge ?

Les salariés de moins de vingt et un ans au 30 avril de la période de référence bénéficient de deux jours ouvrables de congé supplémentaire par enfant à charge, sans que le total puisse excéder trente jours ouvrables. Les salariés de vingt et un ans et plus bénéficient également de ces deux jours, mais sans dépassement possible de la durée légale du congé.

326. Comment gérer les compteurs de congés dans un changement de logiciel de paie ?

La reprise doit intégrer, pour chaque salarié, les droits acquis et pris de la période en cours et de la période précédente, les compteurs de fractionnement, d'ancienneté et de RTT, ainsi que les reliquats liés aux arrêts de travail soumis à report de quinze mois. Une réconciliation avec les derniers bulletins et un contrôle par sondage sont indispensables avant bascule.

327. Quelle est l'incidence des congés payés sur la déclaration sociale nominative ?

La DSN comporte des rubriques dédiées aux congés payés, notamment pour les entreprises affiliées à une caisse de congés. Elle déclare également les périodes d'absence et les rémunérations correspondantes. Une incohérence entre les compteurs de paie et les données déclarées génère des anomalies dans les comptes rendus métier et peut affecter les droits du salarié.

328. Comment traiter les congés payés dans les entreprises affiliées à une caisse ?

L'employeur du bâtiment, des travaux publics ou du spectacle verse une cotisation à la caisse de congés, laquelle indemnise directement le salarié. Le bulletin ne comporte donc pas de ligne d'indemnité de congés payés. Les cotisations afférentes sont acquittées par la caisse, ce qui modifie sensiblement le calcul du net et impose un paramétrage spécifique du logiciel.

329. Qu'est-ce que le don de jours de repos ?

Un salarié peut renoncer anonymement et sans contrepartie à des jours de repos au profit d'un collègue assumant la charge d'un enfant gravement malade, d'un proche en perte d'autonomie ou d'un aidant familial. Le bénéficiaire conserve sa rémunération pendant son absence. Le don porte sur les jours de RTT et sur la fraction des congés excédant vingt-quatre jours ouvrables.

330. Comment valoriser un jour donné dans le cadre d'un don de jours ?

Le jour donné est valorisé sur la base de la rémunération du bénéficiaire et non de celle du donateur. Le bénéficiaire perçoit un maintien de sa rémunération, soumis à cotisations et à impôt dans les conditions de droit commun. Le donateur, quant à lui, ne perçoit aucune somme et voit simplement son compteur diminuer.

331. Quelle est la portée du droit au repos garanti par le droit européen ?

La directive européenne sur le temps de travail garantit un congé annuel payé minimal de quatre semaines. Ce socle est d'ordre public et ne peut être remplacé par une indemnité, sauf à la rupture du contrat. La jurisprudence de la Cour de justice a conduit la France à réviser ses règles d'acquisition pendant les arrêts maladie.

332. Quels sont les principaux risques contentieux en matière de congés payés ?

Les risques portent sur l'absence de mise en œuvre effective du droit au congé, l'application de la seule méthode du maintien sans comparaison avec le dixième, l'omission des jours de fractionnement, l'acquisition durant les arrêts maladie depuis la loi du 22 avril 2024, la prescription des rappels et le défaut d'information au retour d'arrêt. Chacun de ces points doit faire l'objet d'une procédure écrite.

333. Comment auditer un compteur de congés payés ?

On reconstitue les droits théoriques à partir des périodes de travail effectif et des périodes assimilées, on compare avec les compteurs du logiciel, on vérifie la prise en compte des reports liés aux arrêts, on contrôle la cohérence des jours pris avec les plannings et les bulletins, et l'on valorise le solde afin de vérifier la provision comptable correspondante.

Chapitre 11 — Maladie, accident du travail et indemnisation des absences

334. Quelles sont les obligations du salarié en cas d'arrêt de travail ?

Le salarié doit informer son employeur dans les meilleurs délais et lui transmettre le volet trois de l'avis d'arrêt de travail, généralement dans les quarante-huit heures, ce délai résultant le plus souvent de la convention collective ou du règlement intérieur. Les volets un et deux sont adressés à la caisse primaire d'assurance maladie dans le même délai.

335. Quel est le délai de carence des indemnités journalières de sécurité sociale ?

La caisse applique un délai de carence de trois jours pour les arrêts pour maladie non professionnelle : l'indemnisation débute au quatrième jour. Ce délai n'est pas appliqué en cas d'accident du travail ou de maladie professionnelle, l'indemnisation démarrant dès le lendemain de l'arrêt. Il n'est pas non plus appliqué en cas de prolongation d'un même arrêt ni pour les affections de longue durée.

336. Comment se calcule l'indemnité journalière de sécurité sociale maladie ?

L'indemnité journalière est égale à cinquante pour cent du gain journalier de base, lui-même obtenu en divisant par quatre-vingt-onze virgule vingt-cinq le total des trois derniers salaires bruts précédant l'arrêt. Chacun de ces salaires est retenu dans la limite de un virgule quatre fois le SMIC mensuel, ce qui plafonne l'indemnité journalière maladie.

337. Quel est le montant maximal de l'indemnité journalière maladie

Le gain journalier de base étant plafonné à un virgule quatre SMIC mensuel, l'indemnité journalière maximale s'établit autour de cinquante euros par jour en 2026, montant qui évolue avec les revalorisations du SMIC. Ce plafonnement, abaissé en 2025 par rapport au niveau antérieur, accroît mécaniquement le reste à charge des employeurs pratiquant le maintien de salaire.

338. Quelles sont les conditions d'ouverture des droits aux indemnités journalières ?

Pour un arrêt inférieur à six mois, le salarié doit avoir travaillé au moins cent cinquante heures au cours des trois mois précédents, ou avoir cotisé sur une rémunération au moins égale à mille quinze fois le SMIC horaire durant les six mois précédents. Pour les arrêts de plus de six mois, des conditions d'affiliation et d'activité renforcées s'appliquent.

339. Qu'est-ce que le maintien de salaire légal ?

La loi de mensualisation garantit au salarié justifiant d'un an d'ancienneté un complément de rémunération porté à quatre-vingt-dix pour cent du salaire brut pendant les trente premiers jours, puis aux deux tiers pendant les trente jours suivants. Ces durées augmentent de dix jours par tranche de cinq ans d'ancienneté, dans la limite de quatre-vingt-dix jours pour chaque taux.

340. Quel est le délai de carence du maintien de salaire légal ?

Le complément légal n'est versé qu'à compter du huitième jour d'absence en cas de maladie ou d'accident de la vie privée. Aucun délai de carence n'est appliqué en cas d'accident du travail, de maladie professionnelle ou d'accident de trajet. Les conventions collectives suppriment fréquemment ce délai ou l'abrègent, il convient donc de vérifier les stipulations applicables.

341. Qu'est-ce que la subrogation et à quelles conditions s'exerce-t-elle ?

La subrogation permet à l'employeur de percevoir directement les indemnités journalières de la caisse, à charge pour lui de maintenir tout ou partie du salaire. Elle suppose que la rémunération maintenue soit au moins égale au montant des indemnités journalières. Elle est mise en œuvre par une mention dans l'attestation de salaire transmise via la DSN événementielle.

342. Comment traite-t-on en paie un arrêt avec subrogation ?

On retient l'absence maladie au brut, on ajoute une ligne de maintien de salaire soumise à cotisations et une ligne d'indemnités journalières subrogées soumise uniquement à CSG-CRDS au taux des revenus de remplacement. Le total garantit au salarié la rémunération prévue par la loi ou la convention. Le prélèvement à la source s'applique aux indemnités pour les trente premiers jours.

343. Comment traite-t-on un arrêt sans subrogation ?

On retient l'absence maladie et l'on verse, le cas échéant, le complément employeur calculé sous déduction des indemnités journalières que le salarié perçoit directement de la caisse. Ces indemnités théoriques doivent être reconstituées pour déterminer le complément, ce qui suppose un calcul rigoureux et une régularisation ultérieure si les montants réels diffèrent.

344. Quel est le régime social des indemnités journalières de sécurité sociale ?

Les indemnités journalières sont exonérées de cotisations de sécurité sociale mais soumises à la CSG au taux de six virgule deux pour cent et à la CRDS au taux de zéro virgule cinq pour cent, sans abattement d'assiette. Elles sont imposables à l'impôt sur le revenu, sauf lorsqu'elles se rapportent à une affection de longue durée exonérante.

345. Quel est le régime social du complément employeur ?

Le complément versé par l'employeur au titre du maintien de salaire est un élément de rémunération soumis à l'ensemble des cotisations sociales, à la CSG-CRDS au taux des revenus d'activité et à l'impôt sur le revenu. Il entre dans le montant net social et dans la base du prélèvement à la source, contrairement aux indemnités journalières subrogées.

346. Comment se calcule le montant du maintien de salaire conventionnel ?

Il convient de lire attentivement la convention pour déterminer l'assiette de référence, brute ou nette, le taux de maintien, la durée d'indemnisation selon l'ancienneté, le délai de carence, la règle de déduction des indemnités journalières et l'existence d'un compteur glissant sur douze mois. Ces paramètres varient fortement d'une branche à l'autre et conditionnent le paramétrage du logiciel.

347. Qu'est-ce qu'un compteur glissant en matière de maintien de salaire ?

Il s'agit d'un dispositif limitant le nombre de jours indemnisés sur une période de douze mois consécutifs précédant l'arrêt, et non par année civile. À chaque nouvel arrêt, l'employeur recense les jours déjà indemnisés au cours des douze mois écoulés pour déterminer le solde disponible. Ce mécanisme, très répandu, exige un suivi individuel rigoureux.

348. Comment le plafond de sécurité sociale est-il affecté par un arrêt de travail ?

Le plafond n'est pas réduit lorsque l'employeur maintient intégralement le salaire. En cas de maintien partiel ou d'absence non rémunérée, le plafond est proratisé selon la règle du plafond journalier appliqué aux jours de présence. Une erreur sur ce point affecte les cotisations plafonnées et le découpage en tranches de retraite complémentaire.

349. Qu'est-ce qu'un contrat de prévoyance et quel est son rôle ?

Le contrat de prévoyance collective couvre les risques d'incapacité de travail, d'invalidité et de décès. Il verse des prestations complémentaires aux indemnités journalières de sécurité sociale, généralement à l'issue de la période de maintien de salaire conventionnel. Il est souvent rendu obligatoire par la convention collective, notamment pour les cadres au titre de la garantie décès.

350. Quelle est l'obligation de cotisation prévoyance des cadres ?

L'accord national interprofessionnel du 17 novembre 2017 impose à l'employeur de verser une cotisation d'au moins un virgule cinquante pour cent de la tranche 1 au titre de la prévoyance des cadres, affectée par priorité à la couverture du risque décès. Le non-respect de cette obligation expose l'employeur à devoir verser lui-même un capital équivalent en cas de décès.

351. Quel est le régime social des prestations de prévoyance ?

Les indemnités complémentaires versées par un organisme de prévoyance sont soumises à CSG-CRDS au taux des revenus de remplacement et à l'impôt sur le revenu à hauteur de la part financée par l'employeur. Lorsque l'employeur les reverse au salarié, il doit les déclarer en DSN mais elles ne sont pas soumises aux cotisations de sécurité sociale.

352. Qu'est-ce que la portabilité de la prévoyance et de la complémentaire santé ?

Le salarié dont le contrat est rompu, hors faute lourde, et qui bénéficie de l'assurance chômage conserve gratuitement ses garanties de prévoyance et de complémentaire santé pendant une durée égale à celle de son dernier contrat, dans la limite de douze mois. L'employeur mentionne ce droit dans le certificat de travail et informe l'organisme assureur de la cessation du contrat.

353. Qu'est-ce qu'un accident du travail ?

L'accident du travail est celui survenu par le fait ou à l'occasion du travail, quelle qu'en soit la cause. Il se caractérise par un fait accidentel soudain, une lésion corporelle ou psychique et un lien avec l'activité professionnelle. Une présomption d'imputabilité joue lorsque l'accident survient au temps et au lieu de travail, la charge de la preuve contraire pesant sur l'employeur.

354. Quelles sont les obligations déclaratives en cas d'accident du travail ?

L'employeur déclare l'accident à la caisse primaire dans les quarante-huit heures ouvrées suivant sa connaissance, remet au salarié une feuille d'accident lui permettant la dispense d'avance de frais et transmet l'attestation de salaire via une DSN événementielle. Il peut émettre des réserves motivées sur le caractère professionnel dans un délai de dix jours francs.

355. Qu'est-ce qu'un accident de trajet ?

C'est l'accident survenu pendant le trajet aller et retour entre la résidence et le lieu de travail, ou entre le lieu de travail et le lieu de restauration habituel, sur un parcours normal non interrompu ni détourné pour un motif étranger aux nécessités de la vie courante. Il est indemnisé comme un accident du travail mais n'entre pas dans le taux de sinistralité de l'entreprise.

356. Comment se calculent les indemnités journalières d'accident du travail ?

L'indemnité journalière est égale à soixante pour cent du salaire journalier de référence pendant les vingt-huit premiers jours, puis à quatre-vingts pour cent à compter du vingt-neuvième jour. Le salaire journalier de référence correspond au salaire du mois précédant l'arrêt divisé par trente virgule quarante-deux, plafonné selon un montant fixé réglementairement.

357. Qu'est-ce qu'une maladie professionnelle ?

Une maladie est présumée professionnelle lorsqu'elle figure dans un tableau annexé au code de la sécurité sociale et que les conditions de délai, de durée d'exposition et de travaux effectués sont réunies. Hors tableau, la reconnaissance suppose l'intervention d'un comité régional de reconnaissance des maladies professionnelles et la démonstration d'un lien direct et essentiel avec le travail.

358. Quelles sont les conséquences financières d'un accident du travail pour l'employeur ?

L'accident alimente le compte employeur qui détermine le taux de cotisation AT-MP des exercices suivants, selon un mécanisme de coûts moyens par catégorie de gravité. Une faute inexcusable de l'employeur entraîne une majoration de la rente et l'indemnisation des préjudices complémentaires, ces sommes étant récupérées auprès de lui par la caisse.

359. Comment traite-t-on en paie une absence pour accident du travail ?

Le complément de salaire est versé sans délai de carence dès le premier jour, l'employeur devant garantir le maintien selon les règles légales ou conventionnelles. Les périodes sont assimilées à du travail effectif pour l'ancienneté et pour l'acquisition intégrale des congés payés, désormais sans limitation de durée depuis la loi du 22 avril 2024.

360. Qu'est-ce que la visite de reprise et quand est-elle obligatoire ?

La visite de reprise est obligatoire après un congé de maternité, après une absence pour maladie professionnelle, après une absence d'au moins trente jours pour accident du travail, et après une absence d'au moins soixante jours pour maladie ou accident non professionnel. Elle est organisée dans les huit jours de la reprise et met fin à la suspension du contrat.

361. Qu'est-ce que la visite de préreprise ?

Organisée pendant l'arrêt de travail à l'initiative du salarié, du médecin traitant ou du médecin conseil, la visite de préreprise concerne les arrêts de plus de trente jours. Elle vise à anticiper le retour en préconisant des aménagements de poste, des formations ou un reclassement. Elle ne met pas fin à la suspension du contrat et n'ouvre aucun droit à rémunération.

362. Qu'est-ce que le temps partiel thérapeutique ?

Le temps partiel thérapeutique permet une reprise progressive prescrite par le médecin traitant et acceptée par le médecin conseil et l'employeur. Le salarié perçoit une rémunération correspondant au temps travaillé, complétée par des indemnités journalières calculées par la caisse. Le cumul ne peut excéder le salaire antérieur, ce qui impose une vigilance particulière dans le calcul du bulletin.

363. Comment gérer une inaptitude prononcée par le médecin du travail ?

À l'issue d'un examen médical, le médecin du travail peut déclarer le salarié inapte à son poste. L'employeur dispose d'un mois pour reclasser le salarié ou le licencier ; passé ce délai, il doit reprendre le versement du salaire correspondant à l'emploi occupé avant la suspension, même en l'absence de travail fourni.

364. Quelles sont les particularités de l'indemnité de licenciement pour inaptitude professionnelle ?

Lorsque l'inaptitude résulte d'un accident du travail ou d'une maladie professionnelle, le salarié perçoit une indemnité spéciale de licenciement égale au double de l'indemnité légale, ainsi qu'une indemnité compensatrice d'un montant équivalent à l'indemnité de préavis, bien que le préavis ne soit pas exécuté. Ces sommes suivent le régime social et fiscal des indemnités de rupture.

365. Qu'est-ce que la reprise du versement du salaire après un mois d'inaptitude ?

Si, à l'expiration du délai d'un mois suivant l'avis d'inaptitude, le salarié n'est ni reclassé ni licencié, l'employeur doit reprendre le paiement du salaire correspondant à l'emploi qu'il occupait avant la suspension. Cette rémunération est soumise à toutes les cotisations et constitue un poste de risque financier majeur en cas de procédure de reclassement mal maîtrisée.

366. Comment traite-t-on l'invalidité en paie ?

Le classement en invalidité par la caisse ne rompt pas le contrat de travail et n'emporte pas par lui-même inaptitude. Si le salarié reprend une activité, sa rémunération est cumulée avec la pension d'invalidité selon des règles de plafonnement. Si le contrat reste suspendu, aucune rémunération n'est versée mais l'employeur doit organiser une visite de reprise avant toute décision.

367. Qu'est-ce que le contrôle médical patronal ?

L'employeur qui verse un complément de salaire peut faire procéder à une contre-visite médicale au domicile du salarié. Depuis le décret du 5 juillet 2024, le salarié doit communiquer son lieu de repos et ses horaires de sortie. Un avis défavorable ou l'impossibilité de réaliser le contrôle autorisent la suspension du complément employeur, mais non celle des indemnités journalières.

368. Quelles sont les obligations relatives aux heures de sortie autorisées ?

L'avis d'arrêt de travail précise si les sorties sont autorisées et, dans l'affirmative, indique généralement des horaires de présence obligatoire à domicile. Le non-respect de ces obligations peut entraîner la suspension des indemnités journalières par la caisse et la suppression du complément employeur, mais ne constitue pas en soi une faute disciplinaire sauf circonstances particulières.

369. Comment traiter un arrêt de travail débutant en cours de mois ?

On calcule la retenue pour absence selon la méthode habituelle de l'entreprise, on applique le délai de carence conventionnel, on détermine le complément de salaire au prorata des jours indemnisables, on reconstitue les indemnités journalières et l'on proratise le plafond en cas d'absence non rémunérée. Un contrôle du net garanti est indispensable avant validation.

370. Qu'est-ce que la garantie de net et comment la mettre en œuvre

Certaines conventions garantissent un pourcentage du salaire net et non du brut. Le calcul suppose de reconstituer le net qu'aurait perçu le salarié en activité, puis d'ajuster le complément employeur pour atteindre le pourcentage garanti après déduction des indemnités journalières nettes. Ce calcul itératif est complexe et doit être confié à une rubrique paramétrée du logiciel.

371. Comment se déclare un arrêt de travail en DSN ?

L'arrêt fait l'objet d'un signalement d'arrêt de travail transmis dans les cinq jours ouvrés suivant la connaissance de l'événement. Ce signalement comporte les données d'identification, le motif, les dates, la demande éventuelle de subrogation et les éléments de rémunération servant au calcul des indemnités journalières. La reprise anticipée fait l'objet d'un signalement complémentaire.

372. Que faire en cas de rejet du signalement d'arrêt de travail ?

Le compte rendu métier de la caisse signale l'anomalie, généralement liée à une identification erronée du salarié, à des périodes incohérentes ou à des éléments de rémunération manquants. Il convient de corriger les données dans le logiciel et de retransmettre un signalement rectifié, faute de quoi le salarié ne percevra pas ses indemnités dans les délais.

373. Comment traiter les indemnités journalières perçues au titre d'une affection de longue durée ?

Les indemnités versées au titre d'une affection de longue durée exonérante ne sont pas imposables à l'impôt sur le revenu. Elles restent soumises à CSG-CRDS au taux des revenus de remplacement. En cas de subrogation, cette exonération fiscale doit être correctement paramétrée afin de ne pas majorer indûment le net imposable du salarié.

374. Quelles sont les conséquences d'un arrêt de travail sur la retraite complémentaire ?

Les périodes d'arrêt indemnisées par la sécurité sociale au-delà de soixante jours consécutifs donnent lieu à l'attribution de points de retraite complémentaire à titre gratuit, sans cotisation. L'attribution est calculée par l'Agirc-Arrco à partir des données déclarées en DSN, ce qui rend essentielle l'exactitude des périodes d'absence transmises.

375. Comment gérer les arrêts de travail successifs ?

Une prolongation s'inscrit dans la continuité de l'arrêt initial : le délai de carence de la sécurité sociale ne s'applique pas à nouveau. En revanche, un nouvel arrêt pour une pathologie différente après une reprise effective déclenche un nouveau délai de carence. Le compteur conventionnel de maintien de salaire doit être suivi selon les règles propres à la convention.

376. Quelle est l'incidence des absences maladie sur les primes ?

Une prime peut être réduite en cas d'absence si le texte qui l'institue le prévoit, à condition que la réduction s'applique de la même manière à toutes les absences, sous peine de discrimination liée à l'état de santé. En revanche, une prime d'assiduité peut licitement exclure les absences maladie si elle vise objectivement la présence effective.

377. Qu'est-ce que la nouvelle limitation de la durée des arrêts de travail annoncée pour 2026 ?

Un encadrement de la durée maximale des arrêts prescrits en première intention doit entrer en vigueur au 1er septembre 2026. Il vise à limiter la durée initiale des prescriptions et à renforcer le contrôle des prolongations. Ce dispositif appelle une vigilance particulière des services de paie sur les modalités déclaratives et sur l'articulation avec les compteurs de maintien de salaire.

378. Quels contrôles opérer sur une absence maladie avant validation de la paie ?

On vérifie l'existence et la conformité de l'arrêt, la bonne saisie des dates, l'application du délai de carence, l'ancienneté ouvrant droit au maintien, le solde du compteur conventionnel, la reconstitution des indemnités journalières, la proratisation du plafond, la cohérence des assiettes de CSG et l'exactitude du net garanti. Ce contrôle doit être documenté salarié par salarié.

Chapitre 12 — Parentalité et congés liés à la vie familiale

379. Quelle est la durée légale du congé de maternité ?

Pour une première ou deuxième naissance, le congé est de seize semaines, réparties en six semaines prénatales et dix semaines postnatales. Il est porté à vingt-six semaines à partir du troisième enfant, à trente-quatre semaines pour des jumeaux et à quarante-six semaines pour des triplés ou plus. La salariée peut reporter une partie du congé prénatal sur la période postnatale, sous conditions.

380. Quelle est la période minimale d'interruption obligatoire ?

Il est interdit d'employer une salariée pendant les huit semaines entourant l'accouchement, dont six semaines obligatoirement après. Cette interdiction est d'ordre public et s'impose même en cas de renonciation de la salariée. Son non-respect expose l'employeur à des sanctions pénales et prive la salariée de la protection attachée à la période de suspension.

381. Comment se calculent les indemnités journalières de maternité

L'indemnité journalière est égale au gain journalier de base, obtenu en divisant par quatre-vingt-onze virgule vingt-cinq la somme des trois derniers salaires bruts plafonnés au plafond mensuel de la sécurité sociale, diminué d'un taux forfaitaire de vingt et un pour cent représentatif des cotisations salariales. Elle est donc nettement plus favorable que l'indemnité journalière maladie.

382. Quel est le régime fiscal des indemnités journalières de maternité ?

Contrairement à celles versées au titre d'un accident du travail, exonérées à hauteur de la moitié, les indemnités journalières de maternité sont intégralement imposables à l'impôt sur le revenu. Elles sont également soumises à CSG au taux de six virgule deux pour cent et à CRDS au taux de zéro virgule cinq pour cent, sans abattement d'assiette.

383. Quelle protection contre le licenciement s'attache à la maternité

La salariée bénéficie d'une protection absolue pendant le congé de maternité, période durant laquelle aucun licenciement ne peut être notifié ni prendre effet. Une protection relative s'applique pendant la grossesse et pendant les dix semaines suivant le retour, le licenciement n'étant alors possible qu'en cas de faute grave non liée à l'état de grossesse ou d'impossibilité de maintenir le contrat.

384. Quels sont les droits de la salariée à son retour de congé de maternité ?

Elle retrouve son emploi précédent ou un emploi similaire assorti d'une rémunération au moins équivalente. Elle bénéficie des augmentations générales et de la moyenne des augmentations individuelles accordées pendant son absence aux salariés de sa catégorie. Elle a droit à un entretien professionnel et à une visite médicale de reprise obligatoire dans les huit jours.

385. Quelle est la durée du congé de paternité et d'accueil de l'enfant

Le congé est de vingt-cinq jours calendaires pour une naissance simple et de trente-deux jours pour des naissances multiples, auxquels s'ajoutent trois jours de congé de naissance à la charge de l'employeur. Une période de quatre jours doit être prise immédiatement après le congé de naissance, le solde pouvant être fractionné en deux périodes dans les six mois.

386. Quelle obligation pèse sur l'employeur pendant le congé de paternité obligatoire ?

Il est interdit d'employer le salarié pendant les quatre jours qui suivent immédiatement le congé de naissance de trois jours, soit une période obligatoire de sept jours au total. Le non-respect de cette interdiction est sanctionné par une amende de septième classe, appliquée autant de fois qu'il y a de salariés concernés.

387. Quel est le régime du congé de naissance de trois jours ?

Les trois jours de congé de naissance sont à la charge de l'employeur et rémunérés comme du temps de travail effectif, sans condition d'ancienneté. Ils sont pris à l'occasion de la naissance, généralement le jour de l'accouchement ou le premier jour ouvrable qui suit. Ils s'ajoutent au congé de paternité indemnisé par la sécurité sociale.

388. Qu'est-ce que le congé supplémentaire de naissance créé en 2026 ?

Institué par la loi de financement de la sécurité sociale pour 2026 et applicable depuis le 1er juillet 2026, ce congé permet à chaque parent de bénéficier d'un à deux mois de congé indemnisé, fractionnable en deux périodes d'un mois. Il s'ajoute aux congés de maternité, de paternité et d'adoption et ne peut être pris qu'après épuisement de ces droits.

389. Comment est indemnisé le congé supplémentaire de naissance ?

L'indemnisation est calculée à partir des trois derniers mois de salaire précédant l'interruption d'activité. Elle correspond à soixante-dix pour cent du salaire net le premier mois et à soixante pour cent le second mois, dans la limite du plafond mensuel de la sécurité sociale, soit 4 005 euros en 2026. Elle est intégralement financée par la sécurité sociale.

390. Quel est le coût de ce congé pour l'employeur ?

Le congé supplémentaire de naissance n'entraîne aucun versement direct à la charge de l'employeur, l'indemnisation étant assurée par l'assurance maladie. Un coût peut néanmoins apparaître lorsque des accords collectifs prévoient un maintien de salaire complémentaire, ce qui impose de vérifier les stipulations conventionnelles avant de traiter la première demande.

391. Quel délai de prévenance le salarié doit-il respecter ?

Le salarié informe son employeur au moins un mois avant le début du congé, ce délai étant ramené à quinze jours lorsque le congé supplémentaire s'enchaîne immédiatement avec un congé de paternité, d'accueil de l'enfant ou d'adoption. Cette obligation d'information est effective depuis le 15 juin 2026, en application des décrets du 30 mai 2026.

392. Quels enfants ouvrent droit au congé supplémentaire de naissance ?

Sont concernés les enfants nés ou adoptés à compter du 1er janvier 2026, ainsi que les enfants nés prématurément dont le terme était prévu à compter de cette date. Pour les enfants arrivés au foyer entre le 1er janvier et le 30 juin 2026, le congé peut être pris jusqu'au 31 mars 2027, soit dans un délai de neuf mois à compter du 1er juillet 2026.

393. Comment le congé supplémentaire de naissance se déclare-t-il

L'employeur transmet un signalement en DSN, à l'aide d'un code spécifique dédié à ce congé, qui déclenche le versement des indemnités par la caisse primaire. À l'issue du congé, le salarié doit retrouver son poste ou un emploi similaire assorti d'une rémunération équivalente, comme pour les autres congés liés à la parentalité.

394. Quelle est la durée du congé d'adoption ?

Le congé d'adoption est de seize semaines pour l'accueil d'un enfant portant le nombre d'enfants du foyer à un ou deux, de dix-huit semaines à partir du troisième enfant, et de vingt-deux semaines en cas d'adoptions multiples. Il peut être réparti entre les deux parents, cette répartition ouvrant droit à un allongement de vingt-cinq jours.

395. Qu'est-ce que le congé parental d'éducation ?

Il permet au salarié justifiant d'un an d'ancienneté à la naissance ou à l'arrivée de l'enfant de suspendre son contrat ou de réduire son activité à un temps partiel d'au moins seize heures hebdomadaires. Sa durée initiale est d'un an, renouvelable jusqu'au troisième anniversaire de l'enfant. L'employeur ne peut le refuser dès lors que les conditions sont remplies.

396. Le congé parental est-il rémunéré ?

L'employeur ne verse aucune rémunération pendant la suspension du contrat. Le salarié peut percevoir la prestation partagée d'éducation de l'enfant versée par la caisse d'allocations familiales, sous conditions. En cas de passage à temps partiel, seule la rémunération correspondant au temps travaillé est due, avec proratisation du plafond de sécurité sociale.

397. Quels sont les effets du congé parental sur les droits du salarié

La durée du congé parental total est prise en compte pour moitié dans le calcul de l'ancienneté. Le salarié conserve le bénéfice des avantages acquis avant son départ et retrouve son emploi précédent ou un emploi similaire à son retour. Il a droit à un entretien professionnel avant et après le congé, et à une action de formation si nécessaire.

398. Qu'est-ce que le congé de présence parentale ?

Il est destiné au salarié dont l'enfant est atteint d'une maladie, d'un handicap ou victime d'un accident d'une particulière gravité rendant indispensables une présence soutenue et des soins contraignants. Il ouvre droit à un compteur de trois cent dix jours ouvrés à utiliser sur une période maximale de trois ans, avec versement d'une allocation journalière par la caisse d'allocations familiales.

399. Qu'est-ce que le congé de proche aidant ?

Ce congé permet à un salarié de suspendre ou réduire son activité pour s'occuper d'un proche présentant un handicap ou une perte d'autonomie d'une particulière gravité. Sa durée est de trois mois renouvelables, dans la limite d'un an sur l'ensemble de la carrière. Il ouvre droit à une allocation journalière du proche aidant versée par la caisse d'allocations familiales.

400. Qu'est-ce que le congé de solidarité familiale ?

Il permet d'assister un proche souffrant d'une pathologie mettant en jeu le pronostic vital ou se trouvant en phase avancée d'une affection grave et incurable. Sa durée est de trois mois renouvelable une fois. Il peut être pris de manière continue, fractionnée ou sous forme de temps partiel, et ouvre droit à une allocation journalière d'accompagnement versée par l'assurance maladie.

401. Quels sont les congés pour événements familiaux prévus par la loi ?

La loi prévoit quatre jours pour le mariage ou le PACS du salarié, un jour pour le mariage d'un enfant, trois jours pour la naissance ou l'arrivée d'un enfant adopté, cinq jours pour le décès d'un enfant, sept jours ouvrés lorsque l'enfant a moins de vingt-cinq ans, trois jours pour le décès d'un conjoint ou d'un parent, et deux jours pour l'annonce d'un handicap.

402. Comment les congés pour événements familiaux sont-ils rémunérés ?

Ces jours sont assimilés à du temps de travail effectif et n'entraînent aucune réduction de rémunération, sans condition d'ancienneté. Ils sont pris au moment de l'événement ou dans un délai raisonnable et doivent être justifiés. La convention collective prévoit fréquemment des durées supérieures ou un élargissement des situations couvertes, qu'il convient d'appliquer si elles sont plus favorables.

403. Qu'est-ce que le congé de deuil parental ?

En cas de décès d'un enfant de moins de vingt-cinq ans ou d'une personne de moins de vingt-cinq ans à charge effective et permanente, le salarié bénéficie de sept jours ouvrés de congé, auxquels s'ajoute un congé de deuil supplémentaire de huit jours indemnisé par la sécurité sociale, fractionnable en deux périodes dans l'année suivant le décès.

404. Quelles sont les autorisations d'absence liées à la grossesse ?

La salariée enceinte bénéficie d'autorisations d'absence rémunérées pour se rendre aux examens médicaux obligatoires prévus par le code de la santé publique. Le conjoint salarié, ou la personne liée par un PACS ou vivant maritalement avec elle, bénéficie d'une autorisation d'absence pour se rendre à trois de ces examens. Ces absences sont assimilées à du temps de travail effectif.

405. Quelles sont les règles relatives à l'allaitement ?

Pendant un an à compter de la naissance, la salariée dispose d'une heure par jour pour allaiter son enfant, répartie en deux périodes de trente minutes. Ce temps n'est pas rémunéré sauf disposition conventionnelle plus favorable. Les entreprises d'au moins cent salariées doivent installer un local dédié à l'allaitement répondant à des normes précises.

406. Quelles sont les règles applicables à l'assistance médicale à la procréation ?

La salariée bénéficiant d'une assistance médicale à la procréation dispose d'autorisations d'absence rémunérées pour les actes médicaux nécessaires. Son conjoint salarié bénéficie d'une autorisation d'absence pour trois de ces actes. Ces absences sont assimilées à du temps de travail effectif pour l'ancienneté et les congés payés et ne peuvent fonder aucune mesure défavorable.

407. Comment traiter en paie un congé de maternité avec subrogation ?

On retient l'absence pour la période du congé, on verse les indemnités journalières perçues de la caisse, soumises à CSG-CRDS au taux des revenus de remplacement, et l'on ajoute le complément conventionnel éventuel, soumis à cotisations. Le maintien intégral du salaire étant fréquent dans les conventions collectives, le contrôle du net garanti est un point de vigilance essentiel.

408. Quelles sont les incidences de la parentalité sur les compteurs de congés payés ?

Les congés de maternité, de paternité, d'accueil de l'enfant et d'adoption sont intégralement assimilés à du temps de travail effectif pour l'acquisition des congés payés. Le congé parental total ne l'est pas et n'ouvre donc pas de droits, sauf disposition conventionnelle plus favorable. Le congé supplémentaire de naissance appelle une vérification des textes d'application quant à son assimilation.

Chapitre 13 — Rupture du contrat de travail et documents de fin de contrat

409. Quels sont les principaux modes de rupture du contrat à durée indéterminée ?

Le CDI peut être rompu par démission du salarié, par licenciement pour motif personnel ou économique, par rupture conventionnelle individuelle ou collective, par départ ou mise à la retraite, par prise d'acte ou résiliation judiciaire, ou par la force majeure. Chaque mode emporte des conséquences distinctes en matière de préavis, d'indemnités et de droits à l'assurance chômage.

410. Quelle est la procédure de licenciement pour motif personnel ?

L'employeur convoque le salarié à un entretien préalable par lettre remise en main propre contre décharge ou par lettre recommandée, en respectant un délai minimal de cinq jours ouvrables. L'entretien permet d'exposer les motifs et de recueillir les explications. La notification du licenciement intervient au plus tôt deux jours ouvrables après l'entretien, par lettre recommandée avec accusé de réception.

411. Quelle est la portée de la lettre de licenciement ?

La lettre fixe les limites du litige : l'employeur ne peut invoquer devant le juge des motifs qui n'y figurent pas. Elle doit être suffisamment précise et énoncer des faits matériellement vérifiables. Depuis 2017, l'employeur peut préciser les motifs après notification, de sa propre initiative ou à la demande du salarié formulée dans les quinze jours.

412. Quelle distinction opère-t-on entre faute simple, grave et lourde

La faute simple justifie le licenciement mais préserve le préavis et l'indemnité de licenciement. La faute grave rend impossible le maintien du salarié dans l'entreprise et prive du préavis et de l'indemnité de licenciement. La faute lourde suppose en outre une intention de nuire à l'employeur et permet une action en réparation, sans priver le salarié de son indemnité de congés payés.

413. Quelle est la durée légale du préavis de licenciement ?

Le préavis est d'un mois pour une ancienneté comprise entre six mois et deux ans, et de deux mois au-delà de deux ans d'ancienneté. Aucun préavis légal n'est prévu en deçà de six mois, la convention collective ou l'usage s'appliquant alors. Le préavis conventionnel plus favorable prime toujours sur la durée légale.

414. Quel est le régime de l'indemnité compensatrice de préavis ?

Lorsque l'employeur dispense le salarié d'exécuter son préavis, il lui verse une indemnité compensatrice égale à la rémunération qu'il aurait perçue s'il avait travaillé, avantages en nature compris. Cette indemnité est intégralement soumise aux cotisations, à la CSG-CRDS au taux des revenus d'activité et à l'impôt sur le revenu. Elle ouvre droit à congés payés.

415. Comment se calcule l'indemnité légale de licenciement ?

Elle est égale à un quart de mois de salaire par année d'ancienneté pour les dix premières années, puis à un tiers de mois par année au-delà. Elle est due à partir de huit mois d'ancienneté ininterrompue. Les années incomplètes sont prises en compte au prorata du nombre de mois. L'indemnité conventionnelle s'applique si elle est plus favorable.

416. Comment se détermine le salaire de référence de l'indemnité de licenciement ?

On retient la formule la plus favorable entre la moyenne mensuelle des douze derniers mois précédant la notification et la moyenne des trois derniers mois, les primes annuelles étant alors retenues au prorata. Les périodes d'absence non rémunérées doivent être neutralisées en reconstituant le salaire que le salarié aurait perçu s'il avait travaillé.

417. Quel est le régime social de l'indemnité de licenciement ?

L'indemnité est exclue de l'assiette des cotisations dans la limite de deux fois le plafond annuel de la sécurité sociale, sous réserve qu'elle ne soit pas imposable. Elle est soumise à CSG-CRDS pour la fraction excédant le montant légal ou conventionnel. Lorsqu'elle dépasse dix plafonds annuels, elle est intégralement assujettie dès le premier euro.

418. Quel est le régime fiscal de l'indemnité de licenciement ?

L'indemnité est exonérée d'impôt sur le revenu à hauteur du montant légal ou conventionnel, ou, si ce montant est plus favorable, à hauteur de la moitié de l'indemnité totale ou de deux fois la rémunération annuelle brute de l'année précédente, dans la limite de six plafonds annuels de la sécurité sociale. La fraction excédentaire est imposable.

419. Quelles sont les spécificités du licenciement pour motif économique ?

Le motif doit résulter de difficultés économiques, de mutations technologiques, d'une réorganisation nécessaire à la sauvegarde de la compétitivité ou de la cessation d'activité. L'employeur doit respecter des critères d'ordre des licenciements, satisfaire à une obligation de reclassement préalable et, selon les effectifs concernés, mettre en œuvre un plan de sauvegarde de l'emploi.

420. Qu'est-ce que le contrat de sécurisation professionnelle ?

Dans les entreprises de moins de mille salariés, l'employeur doit proposer au salarié licencié pour motif économique un contrat de sécurisation professionnelle. L'adhésion entraîne une rupture d'un commun accord, sans préavis. L'employeur verse à France Travail l'équivalent de l'indemnité de préavis dans la limite de trois mois, majorée des charges, ainsi que la contribution spécifique prévue.

421. Quelles sont les caractéristiques de la rupture conventionnelle individuelle ?

Elle résulte d'un accord entre l'employeur et le salarié, formalisé après au moins un entretien. Chaque partie dispose d'un délai de rétractation de quinze jours calendaires. La convention est ensuite soumise à l'homologation de la direction départementale de l'emploi, du travail et des solidarités, qui dispose de quinze jours ouvrables pour statuer, le silence valant homologation.

422. Quel est le montant minimal de l'indemnité de rupture conventionnelle ?

L'indemnité spécifique ne peut être inférieure à l'indemnité légale de licenciement, ni à l'indemnité conventionnelle lorsque celle-ci est plus favorable et que la convention collective est applicable. Elle peut être librement majorée par accord des parties, cette majoration relevant alors des règles fiscales et sociales applicables aux fractions excédentaires.

423. Quel est le régime social de l'indemnité de rupture conventionnelle ?

Depuis le 1er septembre 2023, l'indemnité est soumise à une contribution patronale unique de trente pour cent sur la fraction exonérée de cotisations, quelle que soit la situation du salarié au regard de la retraite. Cette contribution a remplacé le forfait social de vingt pour cent et la contribution spécifique applicable aux indemnités de mise à la retraite.

424. Qu'est-ce que la rupture conventionnelle collective ?

Il s'agit d'un dispositif de départs volontaires négocié par accord collectif majoritaire, soumis à validation administrative. Il exclut tout licenciement pour atteindre les objectifs de suppression d'emplois. L'accord fixe le nombre maximal de départs, les conditions d'éligibilité, les modalités de calcul des indemnités et les mesures d'accompagnement. Les salariés partants bénéficient de l'assurance chômage.

425. Quelles sont les règles de la démission ?

La démission doit résulter d'une volonté claire et non équivoque du salarié. Aucun formalisme n'est légalement imposé, mais l'écrit est recommandé. Le salarié exécute un préavis dont la durée est fixée par la convention collective, le contrat ou l'usage. Il ne perçoit ni indemnité de licenciement ni, sauf cas de démission légitime, allocation d'assurance chômage.

426. Qu'est-ce que la présomption de démission en cas d'abandon de poste ?

Depuis la loi du 21 décembre 2022 et son décret d'application, le salarié qui abandonne volontairement son poste et ne reprend pas le travail après une mise en demeure adressée par lettre recommandée est présumé démissionnaire à l'expiration d'un délai fixé par l'employeur, qui ne peut être inférieur à quinze jours calendaires. Il perd alors le bénéfice de l'assurance chômage.

427. Quelles sont les règles du départ volontaire à la retraite ?

Le salarié qui décide de partir à la retraite respecte le préavis applicable au licenciement. Il perçoit une indemnité de départ à la retraite dont le montant légal est de un demi-mois de salaire après dix ans d'ancienneté, un mois après quinze ans, un mois et demi après vingt ans et deux mois après trente ans. Cette indemnité est intégralement soumise à cotisations et à impôt.

428. Quelles sont les règles de la mise à la retraite par l'employeur ?

L'employeur ne peut mettre un salarié à la retraite d'office qu'à partir de soixante-dix ans. Entre l'âge du taux plein automatique et soixante-dix ans, il doit interroger le salarié chaque année, celui-ci pouvant s'y opposer. L'indemnité de mise à la retraite est au moins égale à l'indemnité légale de licenciement et bénéficie du régime social des indemnités de rupture.

429. Qu'est-ce que la prise d'acte de la rupture ?

Le salarié qui reproche à son employeur des manquements suffisamment graves peut prendre acte de la rupture. Le contrat cesse immédiatement.

Le conseil de prud'hommes, saisi et tenu de statuer dans le mois, requalifie la rupture en licenciement sans cause réelle et sérieuse si les manquements sont établis, ou en démission dans le cas contraire.

430. Qu'est-ce que la résiliation judiciaire du contrat ?

Le salarié demande au juge de prononcer la rupture du contrat aux torts de l'employeur, tout en poursuivant l'exécution de son contrat jusqu'à la décision. Si la demande est accueillie, la rupture produit les effets d'un licenciement sans cause réelle et sérieuse à la date du jugement. À défaut, le contrat se poursuit normalement.

431. Qu'est-ce que le barème d'indemnisation du licenciement sans cause réelle et sérieuse ?

Le barème dit Macron, codifié à l'article L. 1235-3 du code du travail, fixe des montants planchers et plafonds d'indemnisation exprimés en mois de salaire brut selon l'ancienneté et l'effectif de l'entreprise. Sa validité a été confirmée par la Cour de cassation. Il est écarté en cas de nullité du licenciement, l'indemnité minimale étant alors de six mois de salaire.

432. Dans quels cas un licenciement est-il nul ?

La nullité est encourue notamment en cas de licenciement discriminatoire, de licenciement d'un salarié protégé sans autorisation, de licenciement lié à un harcèlement, à la dénonciation de faits de harcèlement, à l'exercice du droit de grève, à l'état de santé, à la maternité ou à l'exercice normal du droit d'alerte. Le salarié peut alors demander sa réintégration.

433. Quelles sont les particularités de la rupture d'un CDD ?

Le CDD ne peut être rompu avant son terme qu'en cas d'accord des parties, de faute grave, de force majeure, d'inaptitude constatée par le médecin du travail ou d'embauche du salarié en CDI. Toute rupture anticipée irrégulière par l'employeur ouvre droit à des dommages-intérêts au moins égaux aux rémunérations qui auraient été perçues jusqu'au terme.

434. Quels documents doivent être remis au salarié à la fin du contrat ?

L'employeur remet le certificat de travail, le reçu pour solde de tout compte, l'attestation destinée à France Travail et le récapitulatif de l'épargne salariale. Il informe également le salarié du maintien de ses garanties de prévoyance et de complémentaire santé au titre de la portabilité. Ces documents sont quérables, mais leur remise tardive engage la responsabilité de l'employeur.

435. Quelles mentions doit comporter le certificat de travail ?

Le certificat mentionne l'identité de l'employeur et du salarié, les dates d'entrée et de sortie, la nature des emplois occupés et les périodes correspondantes, ainsi que le maintien éventuel des garanties de prévoyance et de complémentaire santé. Aucune appréciation sur la qualité du travail ne doit y figurer, sous peine d'engager la responsabilité de l'employeur.

436. Quelle est la portée du reçu pour solde de tout compte ?

Le reçu fait l'inventaire des sommes versées lors de la rupture. Établi en double exemplaire et signé par le salarié, il devient libératoire pour l'employeur à l'expiration d'un délai de six mois, mais uniquement pour les sommes qui y sont expressément mentionnées. Non signé, ou en l'absence de mention de la date de signature, il n'a aucun effet libératoire.

437. Que contient un solde de tout compte ?

Il comprend le salaire du mois de départ, l'indemnité compensatrice de congés payés, l'indemnité compensatrice de préavis le cas échéant, l'indemnité de rupture, les primes dues au prorata, le rachat éventuel des jours de repos et du compte épargne-temps, sous déduction des acomptes, avances, saisies et de tout trop-perçu régulièrement notifié.

438. Comment s'articulent les documents de fin de contrat avec la DSN ?

L'attestation employeur destinée à France Travail est désormais dématérialisée : elle résulte du signalement de fin de contrat de travail unique transmis dans les cinq jours ouvrés suivant la fin du contrat. Ce signalement alimente le calcul des droits à l'allocation. Une erreur de motif de rupture peut priver le salarié de ses droits et engager la responsabilité de l'employeur.

439. Quels sont les codes de motif de rupture les plus utilisés en DSN

La nomenclature distingue notamment le licenciement pour motif personnel, le licenciement économique, la rupture conventionnelle, la démission, la fin de CDD, la rupture pendant la période d'essai, le départ à la retraite, la mise à la retraite et la rupture d'un commun accord dans le cadre d'un contrat de sécurisation professionnelle. L'exactitude de ce code conditionne l'ouverture des droits.

440. Quel est le régime des indemnités transactionnelles ?

La transaction, conclue après la rupture, met fin à un litige par des concessions réciproques. L'indemnité transactionnelle est présumée avoir la nature de salaire et donc être assujettie, sauf si l'employeur démontre qu'elle répare un préjudice distinct. Le régime social suit alors celui des indemnités de rupture, avec les plafonds d'exonération correspondants.

441. Comment traite-t-on le compte épargne-temps lors de la rupture

Les droits inscrits au compte épargne-temps sont liquidés et versés au salarié, sauf transfert prévu par l'accord. L'indemnité correspondante a la nature de salaire et supporte l'ensemble des cotisations et contributions au moment du versement. Elle est soumise à CSG-CRDS sans abattement d'assiette lorsqu'elle résulte de l'affectation de sommes issues de l'épargne salariale.

442. Quel est le traitement de l'épargne salariale lors du départ ?

L'employeur remet un état récapitulatif de l'ensemble des sommes et valeurs mobilières épargnées, précisant les modalités de transfert. La rupture du contrat constitue un cas de déblocage anticipé de la participation et du plan d'épargne entreprise, permettant au salarié de récupérer ses avoirs en exonération d'impôt sur le revenu, les prélèvements sociaux restant dus.

443. Quelles sommes sont dues au titre de la clause de non-concurrence à la rupture ?

Si la clause est maintenue, l'employeur verse la contrepartie financière selon la périodicité prévue, avec établissement d'un bulletin de paie. S'il entend renoncer à la clause, il doit le faire dans les formes et délais prévus par le contrat ou la convention collective ; une renonciation tardive l'oblige à verser la contrepartie pour toute la durée de l'obligation.

444. Quelles sont les conséquences d'un licenciement d'un salarié protégé sans autorisation ?

Le licenciement est nul. Le salarié peut demander sa réintégration et le paiement d'une indemnité correspondant à la totalité des salaires qu'il aurait perçus entre son éviction et sa réintégration, sans déduction des revenus de remplacement. À défaut de réintégration, il perçoit des indemnités spécifiques, dont une indemnité pour violation du statut protecteur.

445. Comment déterminer l'ancienneté d'un salarié pour le calcul des indemnités ?

L'ancienneté court à compter de la date d'entrée dans l'entreprise, en incluant les périodes de suspension assimilées et, le cas échéant, les contrats antérieurs sans interruption significative ou en cas de transfert d'entreprise. Elle s'apprécie à la date d'expiration du préavis, exécuté ou non, ce qui inclut le préavis compensé par une indemnité.

446. Que se passe-t-il en cas de transfert d'entreprise ?

L'article L. 1224-1 du code du travail impose le transfert automatique des contrats de travail en cours au nouvel employeur en cas de modification de la situation juridique de l'entreprise. L'ancienneté, les contrats et les droits acquis sont conservés. Les usages et engagements unilatéraux sont transférés, tandis que les accords collectifs sont mis en cause et survivent pendant une période transitoire.

447. Comment traiter la paie en cas de procédure collective ?

En redressement ou liquidation judiciaire, le mandataire judiciaire établit les relevés de créances salariales et sollicite l'AGS pour l'avance des sommes dues. Les plafonds de garantie sont exprimés en multiples du plafond annuel de la sécurité sociale et varient selon l'ancienneté du contrat. Le service paie doit produire des états détaillés et fiables dans des délais très courts.

448. Quelle est la portée du privilège des salaires ?

Les créances salariales bénéficient d'un superprivilège pour les soixante derniers jours de travail, dans la limite d'un plafond mensuel fixé réglementairement. Elles sont payées avant toutes les autres créances, y compris fiscales et sociales. Ce mécanisme se combine avec la garantie de l'AGS, laquelle est subrogée dans les droits des salariés après avoir avancé les fonds.

449. Comment calculer l'indemnité compensatrice de congés payés lors d'une rupture en cours de période ?

On distingue les droits acquis au titre de la période de référence précédente et non pris, et ceux acquis au titre de la période en cours. Chacun est valorisé selon la comparaison entre le dixième et le maintien, sur la base de la rémunération de la période concernée. Le total constitue l'indemnité compensatrice, soumise à cotisations et à impôt.

450. Quels sont les délais de remise des documents de fin de contrat ?

Les documents sont quérables et non portables : l'employeur les tient à disposition dès la fin du contrat. Une remise tardive peut ouvrir droit à des dommages-intérêts si le salarié justifie d'un préjudice, notamment l'impossibilité de s'inscrire à France Travail. Le signalement de fin de contrat en DSN doit intervenir dans les cinq jours ouvrés.

451. Comment traiter un rappel de salaire postérieur à la rupture ?

Le rappel donne lieu à l'établissement d'un bulletin de paie complémentaire, soumis aux taux applicables à la période d'emploi concernée. Il est déclaré en DSN avec un rattachement à la période d'emploi et fait l'objet du prélèvement à la source. Il peut également générer des droits complémentaires à congés payés qu'il convient d'indemniser.

452. Quels contrôles opérer avant l'émission d'un solde de tout compte ?

On vérifie la date exacte de fin de contrat, l'ancienneté retenue, le solde des compteurs de congés, de RTT et de compte épargne-temps, la base de calcul des indemnités, le respect des minima légaux et conventionnels, le régime social et fiscal appliqué à chaque indemnité, la déduction des sommes dues à l'entreprise et la cohérence avec le signalement DSN.

Chapitre 14 — La déclaration sociale nominative

453. Qu'est-ce que la déclaration sociale nominative ?

La DSN est une déclaration mensuelle unique, dématérialisée et nominative, issue directement du logiciel de paie. Elle remplace la quasi-totalité des déclarations sociales antérieures et transmet, pour chaque salarié, les données d'identification, de contrat, de rémunération, de cotisations et d'absence. Elle est déposée sur net-entreprises ou sur le portail de la MSA pour le régime agricole.

454. Quel est le principe du dépôt mensuel de la DSN ?

La DSN est transmise au plus tard le cinq du mois suivant la période d'emploi pour les entreprises d'au moins cinquante salariés pratiquant un décalage de paie inférieur à un mois, et le quinze dans les autres cas. Elle porte sur la paie du mois précédent et doit être déposée même en l'absence de salarié rémunéré, sous forme de déclaration néant.

455. Quelles sont les principales rubriques structurantes de la DSN ?

La déclaration s'organise en blocs hiérarchisés : bloc entreprise et établissement, bloc individu, bloc contrat, bloc versement individu, blocs de rémunération et de cotisations agrégées, blocs d'arrêt de travail, de fin de contrat et d'affiliation prévoyance. Chaque bloc obéit au cahier technique publié par le groupement d'intérêt public Modernisation des déclarations sociales.

456. Qu'est-ce qu'un signalement d'événement ?

Outre la déclaration mensuelle, la DSN comporte des signalements événementiels transmis au fil de l'eau : arrêt de travail, reprise anticipée d'activité et fin de contrat de travail unique. Ils doivent être adressés dans les cinq jours ouvrés suivant la connaissance de l'événement et déclenchent le versement des prestations ou l'ouverture des droits du salarié.

457. Qu'est-ce que le compte rendu métier ?

Le compte rendu métier est le retour d'information adressé par chaque organisme destinataire après traitement de la déclaration. Il signale les anomalies détectées, transmet les taux de prélèvement à la source, les taux AT-MP et les informations de gestion. Son intégration systématique dans le logiciel de paie constitue une étape obligatoire du processus déclaratif mensuel.

458. Quelle est l'utilité du bilan d'identification des salariés ?

Le bilan d'identification des salariés, restitué mensuellement, indique pour chaque individu déclaré si son identification a été certifiée par le répertoire national. Il signale les NIR erronés, les états civils divergents et les numéros identifiants d'attente à régulariser. Une identification non certifiée compromet l'alimentation des droits sociaux du salarié et génère des anomalies en cascade.

459. Comment corriger une erreur constatée sur une DSN déjà transmise ?

Avant la date d'échéance, une DSN annule et remplace peut être déposée. Après l'échéance, la correction s'effectue sur la déclaration du mois suivant, par régularisation des blocs concernés en utilisant les mécanismes prévus par le cahier technique, notamment le bloc de régularisation de cotisation individuelle rattaché à la période d'emploi initiale.

460. Quelles sanctions s'appliquent en cas de manquement déclaratif ?

Le défaut de production de la DSN est sanctionné par une pénalité par salarié et par mois de retard, exprimée en pourcentage du plafond mensuel de la sécurité sociale. L'omission de salariés ou l'inexactitude des données donne lieu à des pénalités spécifiques. Le défaut de dépôt du signalement de fin de contrat est également sanctionné.

461. Qu'est-ce que le prélèvement à la source dans le circuit DSN ?

L'administration fiscale transmet, dans le compte rendu métier, le taux applicable à chaque salarié. L'employeur applique ce taux, déclare le montant retenu dans le bloc dédié et verse la somme correspondante à la direction générale des finances publiques par télérèglement adossé à la DSN. Ce circuit impose une intégration mensuelle rigoureuse et sans délai.

462. Comment la DSN alimente-t-elle les droits à la retraite ?

Les données de rémunération et de périodes d'emploi déclarées alimentent directement le compte individuel de retraite du salarié, tant pour le régime de base que pour l'Agirc-Arrco. Une erreur non corrigée se traduit par une perte de trimestres ou de points. Les caisses opèrent des contrôles de cohérence dont les résultats figurent dans les comptes rendus métier.

463. Comment la DSN alimente-t-elle les droits à l'assurance chômage ?

Le signalement de fin de contrat de travail unique remplace l'attestation employeur papier. Il transmet à France Travail les périodes d'emploi, les rémunérations soumises à contributions et le motif de rupture. La qualité de ces données conditionne le calcul du salaire journalier de référence et donc le montant de l'allocation versée au salarié.

464. Qu'est-ce que la déclaration de l'obligation d'emploi des travailleurs handicapés en DSN ?

Chaque mois, l'employeur déclare le statut de bénéficiaire de l'obligation d'emploi pour les salariés concernés. Une fois par an, il déclare la contribution éventuelle dans la DSN de février de l'année suivante. Le calcul est effectué à partir des effectifs communiqués par l'URSSAF, sur la base des données déclarées mensuellement.

465. Comment déclare-t-on les cotisations Agirc-Arrco en DSN ?

Les cotisations de retraite complémentaire sont déclarées au niveau individuel dans les blocs de cotisation, avec les codes de base assujettie correspondant à chaque tranche. Le paiement s'effectue par un ordre de télérèglement rattaché à la déclaration. Les anomalies de cohérence entre assiettes et montants génèrent des comptes rendus métier spécifiques de la fédération.

466. Comment déclarer un salarié multi-établissements ?

Chaque contrat de travail est rattaché à un établissement identifié par son numéro SIRET, qui détermine notamment le taux AT-MP applicable et le versement mobilité. Un salarié travaillant sur plusieurs sites est déclaré au titre de son établissement de rattachement contractuel, sauf mobilité effective donnant lieu à un changement d'établissement à déclarer par un avenant de contrat.

467. Comment traiter les rappels de salaire en DSN ?

Les rappels sont déclarés dans un bloc de rémunération spécifique portant la date de début et de fin de la période d'emploi à laquelle ils se rattachent. Les cotisations correspondantes sont déclarées en régularisation, avec les taux de la période concernée. Ce mécanisme permet de reconstituer correctement les droits sociaux du salarié.

468. Comment déclarer une régularisation de plafond ?

La régularisation progressive du plafond se traduit mensuellement par l'ajustement des assiettes plafonnées déclarées. En cas de régularisation portant sur un exercice antérieur, elle est déclarée en régularisation avec la période d'emploi d'origine. Les écarts entre les assiettes déclarées et celles attendues par l'URSSAF font l'objet de comptes rendus métier détaillés.

469. Quelles sont les données déclarées au titre des allègements de cotisations ?

La DSN comporte des codes de cotisation dédiés à la réduction générale dégressive unique, aux déductions forfaitaires pour heures supplémentaires et aux exonérations spécifiques. Le montant déclaré doit être cohérent avec le coefficient calculé et l'assiette retenue. Les incohérences constituent un motif fréquent de redressement et sont détectées par des contrôles automatisés.

470. Qu'est-ce que le dispositif de fiabilisation des données déclarées ?

Les organismes ont développé des contrôles de cohérence automatisés portant sur les assiettes, les taux, les effectifs et les identifiants. Ils délivrent des comptes rendus métier appelant l'employeur à corriger. Un dispositif de fiabilisation renforcée permet également à l'URSSAF de proposer des corrections que l'employeur doit valider ou justifier dans un délai déterminé.

471. Quelles sont les obligations en cas de cessation d'activité ?

L'employeur dépose une DSN portant la mention de cessation, accompagnée des signalements de fin de contrat pour l'ensemble des salariés. Il doit régler le solde des cotisations dues et procéder aux formalités de radiation auprès du centre de formalités des entreprises. Les obligations d'archivage des données de paie subsistent après la cessation.

472. Comment gérer une reprise d'entreprise dans la chaîne déclarative ?

En cas de transfert d'entreprise, le nouvel employeur reprend les contrats en cours et doit assurer la continuité déclarative, notamment la reprise des cumuls d'assiettes, des compteurs de plafond, de CSG et de réduction générale. Un protocole de reprise doit être formalisé, incluant la récupération des DSN antérieures et des comptes rendus métier associés.

473. Qu'est-ce que le tableau récapitulatif annuel des cotisations ?

Historiquement produit sous forme d'un document distinct, le récapitulatif annuel est désormais issu des données mensuelles de la DSN. Il permet de vérifier la concordance entre les cotisations déclarées, les cotisations payées et les assiettes annuelles. Sa vérification en fin d'exercice est une bonne pratique de contrôle interne du processus paie.

474. Comment s'articulent la DSN et la comptabilité ?

Les montants déclarés doivent être rapprochés des soldes des comptes de dettes sociales. Tout écart s'explique par un décalage de paiement, une régularisation ou une erreur déclarative. Ce rapprochement mensuel, formalisé dans un état de contrôle, constitue l'un des principaux dispositifs de détection des anomalies avant qu'elles ne deviennent des redressements.

475. Quelles sont les bonnes pratiques de sécurisation du processus déclaratif ?

Il convient de figer un calendrier mensuel, d'exécuter une série de contrôles avant dépôt, d'intégrer systématiquement les comptes rendus métier, de suivre un tableau de bord des anomalies avec un responsable identifié, de documenter chaque régularisation et d'archiver les accusés de réception ainsi que les fichiers déposés pendant la durée de prescription.

476. Que faire en cas de découverte tardive d'une omission de salarié ?

Il convient de déclarer l'individu et son contrat sur la DSN du mois en cours, en régularisant les périodes antérieures par les blocs de régularisation adaptés, puis de payer les cotisations correspondantes en précisant leur objet. Une régularisation spontanée avant tout contrôle réduit de moitié les majorations de retard applicables.

Chapitre 15 — Contrôle, veille et cas pratiques de synthèse

477. Comment structurer un contrôle de paie mensuel ?

On procède en quatre temps : contrôle des données d'entrée que sont les mouvements, absences et variables ; contrôle des calculs par comparaison avec le mois précédent et analyse des écarts significatifs ; contrôle des sorties que sont les bulletins, virements et écritures comptables ; contrôle déclaratif avant dépôt de la DSN. Chaque étape doit être tracée et validée par une personne identifiée.

478. Quels sont les principaux motifs de redressement URSSAF ?

Les redressements portent le plus souvent sur les frais professionnels insuffisamment justifiés, les avantages en nature non déclarés, les limites d'exonération des cotisations de prévoyance et de retraite supplémentaire, les indemnités de rupture, l'application erronée des allègements généraux, la déduction forfaitaire spécifique appliquée sans réintégration préalable et les prestations du comité social et économique.

479. Comment préparer un contrôle URSSAF ?

On rassemble les journaux de paie, les DSN et comptes rendus métier, les contrats et avenants, la convention collective et les accords d'entreprise, les justificatifs de frais professionnels, les contrats de prévoyance et leurs actes fondateurs, les décisions unilatérales, les procès-verbaux du comité social et économique et les notes de paramétrage. On désigne un interlocuteur unique et l'on documente les positions retenues.

480. Quelle est la portée d'une observation sans redressement ?

Lorsqu'un inspecteur constate une pratique sans procéder à un redressement, cette absence de redressement vaut accord tacite sur la pratique en cause pour l'avenir, à condition qu'elle ait été explicitement examinée et que la législation ainsi que la situation de fait soient inchangées. Cette garantie ne joue que si la pratique était clairement identifiable dans les documents examinés.

481. Comment sécuriser une nouvelle rubrique de paie ?

On identifie le fondement juridique de l'élément, on détermine sa nature de salaire ou de frais, on définit son assiette au regard des cotisations, de la CSG-CRDS et de l'impôt, on vérifie son incidence sur les congés payés, les indemnités de rupture et les allègements, on documente le paramétrage et l'on effectue un test sur des cas représentatifs avant déploiement.

482. Comment organiser la veille réglementaire d'un service paie ?

On identifie des sources fiables telles que Légifrance, le BOSS, le site de l'URSSAF, net-entreprises et la jurisprudence de la chambre sociale. On planifie une revue hebdomadaire, on formalise une note de synthèse mensuelle, on qualifie l'impact de chaque évolution sur le paramétrage et l'on planifie les mises à jour avec des tests avant mise en production.

483. Quels indicateurs de pilotage social produire à partir de la paie ?

On produit la masse salariale et son évolution, l'effectif moyen, la structure de rémunération, le taux d'absentéisme, le coût des heures supplémentaires, la répartition des charges patronales, le montant des allègements, le turnover, le coût des ruptures et les données de l'index d'égalité professionnelle. Ces indicateurs alimentent le bilan social et les négociations obligatoires.

484. Comment calculer le coût d'une embauche au SMIC en 2026 ?

On part du SMIC mensuel applicable à la date d'embauche, soit 1 867,02 euros depuis le 1er juin 2026, on ajoute les cotisations patronales de droit commun, puis l'on retranche la réduction générale dégressive unique calculée à partir du SMIC de référence gelé à 12,02 euros. On ajoute enfin les charges annexes telles que la médecine du travail et les titres-restaurant.

485. Cas pratique : comment calculer une paie comportant quatre heures supplémentaires ?

On détermine le taux horaire en divisant le salaire de base par 151,67, on applique une majoration de vingt-cinq pour cent aux quatre heures, on ajoute le montant obtenu au brut, on calcule les cotisations sur ce brut, on applique la réduction de cotisations salariales plafonnée à 11,31 pour cent de la rémunération des heures supplémentaires et l'on exclut cette rémunération de la base imposable dans la limite annuelle.

486. Cas pratique : comment traiter une absence maladie de dix jours

On retient dix jours d'absence selon la méthode habituelle, on vérifie l'ancienneté et le compteur conventionnel, on applique le délai de carence prévu, on calcule le complément de salaire, on reconstitue ou intègre les indemnités journalières selon qu'il y a subrogation ou non, on proratise le plafond si l'absence n'est pas intégralement rémunérée et l'on contrôle le net garanti.

487. Cas pratique : comment établir un solde de tout compte après cinq ans d'ancienneté ?

On calcule le salaire du mois de départ au prorata, l'indemnité compensatrice de congés payés en comparant le dixième et le maintien, l'indemnité compensatrice de préavis si celui-ci n'est pas exécuté, l'indemnité légale de licenciement égale à un quart de mois par année soit environ un mois et quart de salaire, puis l'on applique les régimes social et fiscal propres à chaque poste.

488. Cas pratique : comment traiter le premier bulletin d'un apprenti de vingt ans ?

On détermine la rémunération minimale en pourcentage du SMIC selon l'âge et l'année du contrat, on calcule les cotisations salariales et la CSG-CRDS sur la seule fraction excédant cinquante pour cent du SMIC, on applique la réduction générale patronale de droit commun, on vérifie l'absence d'assujettissement de la fraction exonérée et l'on contrôle la cohérence du net imposable.

489. Cas pratique : comment gérer une entrée en cours de mois avec avantage en nature véhicule ?

On proratise le salaire de base selon la méthode retenue par l'entreprise, on proratise le plafond au nombre de jours calendaires de présence, on valorise l'avantage en nature au prorata de la période de mise à disposition, on l'intègre au brut puis on le déduit du net, et l'on applique le taux neutre de prélèvement à la source en l'absence de taux transmis.

490. Cas pratique : comment traiter une prime exceptionnelle de mille euros ?

On l'intègre au brut du mois de versement, on vérifie l'incidence sur les tranches de cotisations et sur la régularisation progressive du plafond, on l'inclut dans l'assiette de la réduction générale dégressive unique, on l'intègre au montant net social et à la base imposable soumise au prélèvement à la source, puis l'on examine son éventuelle incidence sur l'indemnité de congés payés.

491. Cas pratique : comment valoriser un congé sans solde de quinze jours ?

On retient l'absence selon la méthode habituelle sur les jours concernés, on proratise le plafond de sécurité sociale à raison des jours calendaires d'absence, on vérifie l'incidence sur l'acquisition des congés payés qui n'est pas assurée pour cette période, et l'on s'assure que le net à payer reste positif après déduction des cotisations, saisies et prélèvement à la source.

492. Cas pratique : comment gérer un salarié franchissant le plafond en cours d'année ?

La régularisation progressive du plafond ajuste automatiquement les assiettes plafonnées à mesure que la rémunération cumulée dépasse le cumul des plafonds. Il convient également de contrôler le franchissement des quatre plafonds annuels pour l'abattement d'assiette de la CSG, le passage en tranche 2 de la retraite complémentaire et le déclenchement de la contribution d'équilibre technique.

493. Cas pratique : comment traiter le retour d'un salarié après un an d'arrêt maladie ?

On organise la visite de reprise dans les huit jours, on informe le salarié dans le mois de ses droits à congés acquis pendant l'arrêt et de la date limite de prise, on met à jour le compteur en intégrant deux jours ouvrables par mois d'arrêt dans la limite de vingt-quatre jours, et l'on rétablit les rubriques de paie ordinaires.

494. Cas pratique : comment vérifier l'exactitude d'un calcul de réduction générale ?

On reconstitue la rémunération annuelle brute de référence, on applique la formule fondée sur Tmin, Tdelta et le coefficient de puissance de 1,75, on retient le SMIC de référence gelé à 12,02 euros pour 2026, on vérifie que le coefficient obtenu ne dépasse pas la valeur maximale de 0,3981 ou 0,4021 selon l'effectif, puis on compare au montant imputé sur les cotisations.

495. Comment répondre à une réclamation portant sur un net inférieur au mois précédent ?

On compare poste par poste les deux bulletins, on identifie l'élément à l'origine de l'écart, absence, variation de prime, changement de taux de prélèvement à la source, régularisation de plafond ou de CSG, on formalise une explication écrite chiffrée et l'on conserve la trace de la réponse dans le dossier du salarié.

496. Quelles sont les erreurs les plus fréquentes dans une paie de fin de contrat ?

On relève l'oubli de l'indemnité compensatrice de congés payés sur la période en cours, l'application d'un régime social erroné aux indemnités de rupture, l'omission de la contribution patronale de trente pour cent sur la rupture conventionnelle, l'erreur de motif de rupture en DSN, l'oubli de la portabilité et l'absence de mention du maintien des garanties sur le certificat de travail.

497. Quelles sont les erreurs les plus fréquentes en matière de congés payés ?

On relève l'absence de comparaison entre le dixième et le maintien, l'oubli des jours de fractionnement, la non-acquisition de congés pendant les arrêts maladie depuis la loi du 22 avril 2024, l'absence d'information du salarié au retour d'arrêt, le décompte en jours ouvrés moins favorable que le décompte en jours ouvrables et l'imputation d'un jour férié chômé.

498. Comment démontrer sa maîtrise des compétences devant le jury du titre ?

Le candidat s'appuie sur des situations concrètes documentées dans son dossier professionnel, explicite la démarche suivie, les textes appliqués et les contrôles effectués, justifie ses choix méthodologiques, montre sa capacité à identifier les risques et à alerter, et démontre une pratique effective de la veille sociale ainsi qu'une aisance dans la communication avec les salariés et les organismes.

499. Quelles qualités professionnelles sont attendues d'un gestionnaire de paie ?

Sont attendues la rigueur et le sens du détail, la fiabilité dans le respect des échéances, la discrétion et le respect de la confidentialité, la capacité d'analyse juridique, l'aptitude à expliquer des mécanismes complexes en termes simples, la maîtrise des outils informatiques, l'autonomie dans la veille réglementaire et le sens de l'alerte face à une situation à risque.

500. Quelles sont les principales évolutions à surveiller après 2026 ?

Il convient de suivre l'entrée en vigueur du bulletin de paie clarifié au 1er janvier 2027, les paramètres annuels de la réduction générale dégressive unique susceptibles d'évoluer à chaque loi de financement, l'encadrement de la durée des arrêts de travail, les modalités définitives du congé supplémentaire de naissance et l'échéance du titre professionnel fixée au 29 décembre 2028.

Repères réglementaires 2026

SMIC horaire brut : 12,02 € au 1er janvier 2026 (1 823,03 € mensuels pour 151,67 heures), puis 12,31 € au 1er juin 2026 (1 867,02 € mensuels).

Minimum garanti : 4,25 € au 1er janvier 2026.

Plafond de la sécurité sociale (arrêté du 22 décembre 2025) : 48 060 € par an, 4 005 € par mois, 3 022 € par mois à Mayotte.

Réduction générale dégressive unique : fusion de la réduction Fillon et des bandeaux maladie et famille au 1er janvier 2026, point de sortie porté à 3 SMIC, coefficient de puissance P égal à 1,75 (décret du 31 décembre 2025), coefficient maximal de 0,3981 pour les entreprises de moins de 50 salariés et 0,4021 au-delà, SMIC de référence gelé à 12,02 € pour toute l'année 2026 (décret n° 2026-509 du 12 juin 2026).

Apprentis : exonération de cotisations salariales et de CSG-CRDS limitée à 50 % du SMIC depuis le 1er mars 2025.

Congés payés : acquisition de 2 jours ouvrables par mois d'arrêt maladie non professionnelle dans la limite de 24 jours, report de 15 mois et obligation d'information dans le mois du retour (loi n° 2024-364 du 22 avril 2024).

Congé supplémentaire de naissance : applicable depuis le 1er juillet 2026, 1 à 2 mois par parent, indemnisé à 70 % puis 60 % du salaire net dans la limite du plafond mensuel, entièrement financé par la sécurité sociale.

Bulletin de paie clarifié : obligation reportée au 1er janvier 2027.

Titre professionnel de gestionnaire de paie : arrêté du 4 juillet 2023, RNCP 37948, niveau 5, échéance au 29 décembre 2028.

Conclusion générale

Vous arrivez au terme de cet ouvrage composé de 500 questions-réponses conçues pour vous aider à réviser efficacement les connaissances et les compétences attendues pour l'obtention de votre titre professionnel.

Tout au long de votre préparation, vous avez pu vérifier vos acquis, identifier les notions à approfondir et vous familiariser avec les principales situations susceptibles d'être rencontrées lors de la formation, des évaluations ou dans l'exercice du métier. Cette méthode d'apprentissage par questions-réponses permet de réviser de manière active, progressive et structurée.

Pour consolider votre préparation, n'hésitez pas à reprendre les questions qui vous ont posé des difficultés, à compléter vos connaissances à l'aide de vos supports de formation et à vous entraîner régulièrement. L'objectif n'est pas seulement de mémoriser les réponses, mais de comprendre les notions abordées afin de pouvoir les mobiliser dans différentes situations professionnelles.

Gardez également à l'esprit que la réussite repose sur plusieurs éléments : une bonne maîtrise des compétences techniques, une posture professionnelle adaptée, une communication efficace, le respect des consignes et la capacité à analyser les situations rencontrées.

La régularité, la persévérance et la confiance en vos compétences seront vos meilleurs atouts pour réussir les épreuves et obtenir votre titre professionnel.

Nous vous souhaitons une excellente préparation et beaucoup de réussite dans votre parcours professionnel.